이방인의
1,300km
순례일기

일러두기

- 본문에 나오는 한자음 중에서 일반적으로 통용되는 단어는 한국 발음으로 표기. 지명과 인명 등의 한자음은 중국어 발음으로 표기했다. 예를 들어, 聖母 = 성모(한국어), 新竹(지명) = 신주(중국어 발음). 단, 관광지로 잘 알려진 화롄 花蓮과 단수이 淡水는 통용되는 한국어 표기.

이방인의 1,300km 순례일기_대만 가톨릭 7교구 30성지
ⓒ이경옥 Printed in Seoul
2024년 10월 01일 1쇄 발행 | 2025년 09월 17일 3쇄
2025년 5월 29일 교회인가(서울대교구)

글·사진 | 이경옥
발행인 | 박찬우
편집인 | 우 현
펴낸곳 | 파랑새미디어

등록번호 | 제313-2006-000085호
서울특별시 마포구 서교동 357-1 서교프라자 318
전화 | 02-333-8311
팩스 | 02-333-8326
메일 | adam3838@naver.com

가격 13,000원
ISBN 979-11-5721-197-5 03910

이방인의 1,300km 순례일기
대만 가톨릭 7교구 30성지

이경옥

파랑새미디어

추천 글

프란치스코 교황님께서는 2025년을 "희망의 순례자들"이라는 주제로 희년을 선포하시며, 신자들에게 주님과 함께하는 신앙과 깊은 영성의 여정을 시작하도록 초대하셨습니다. 순례를 통해 우리는 내면에 집중하고 영적인 삶을 성찰할 수 있을 뿐만 아니라, 여정 동안 하느님과 더욱 가까운 관계를 맺고 마음속 희망의 불씨를 되살릴 수 있습니다.
"순례"는 기도의 좋은 방법으로 전 세계 성지를 방문하거나 순례에 참여하는 것은 기도의 구체적인 행동입니다.

대만에는 7개 교구에 30개의 순례지가 있으며, 그중 타이베이 대교구에는 10개의 순례지가 있습니다. "이방인의 1,300km 순례일기"의 이경옥과 타이베이 교구 평신도 양수방 楊淑芳, 두 사람은 함께 순례 일정을 계획하고 9일 동안 대만 성지를 모두 순례했습니다.
저자는 '외국인'의 관점에서 순례 과정을 사진과 글로 남기며 문헌을 찾아 소중한 나눔의 실천으로 이 책을 출판했습니다. 대만 교회에서 보기 드문 귀한 선물입니다. 이는 한국과 대만 가톨릭 신자의 깊은 교류와 친교를 상징합니다. 또한 두 사람이 교회 안에서 서로 돕고 협력하여 풍성한 신앙의 결실을 본 증거입니다.

"이방인의 1,300km 순례일기"가 한국어로 먼저 출간되어 기쁩니다. 한국어로 대만의 가톨릭 성지가 잘 정리된 이 책을 통해 오실 모든 순례자에게 하느님께서 베풀어 주실 풍성한 은총이 함께 하시길 바랍니다.

2025. 6. 26
台北總教區 鍾安住 總主教
타이베이 대교구 종안주 토마스 대주교

+. 평화

처음에는 초보 작가의 '투박함'이 눈에 들어왔습니다. 그런데 원고를 읽을수록 자매의 신앙과 삶, 대만교회의 고군분투기를 알게 되자 마음에서 소소한 '감동'이 피어났습니다. 원고 막바지에 이르니 한 인간이 알아들은 하느님의 섭리와 무명 선교사들의 헌신에 '감사'가 솟았습니다.

어쩌면 우리가 예수님을 알아가고, 내 삶의 의미를 알아가는 신앙 여정도 이와 비슷하게 투박함에서 감동으로, 감동에서 감사로 나아가는 길이지 않을까 싶습니다.

그렇게 자매가 대만교회 성지순례라는 생소한 주제로 이 글을 읽는 이들의 삶에 자극을 주는 것만으로도 자매의 지향은 아름답고 이 책은 가치 있다고 말하고 싶습니다.

대만 신주 新竹 가르멜 수도원 원장

서창규 알로이시오 신부

여는 글

　냉담하면서 N잡러로 바쁘게 살아왔던 내가 어느 날 대만행을 결심했다. 보수적인 부모님이 허락해 주실 리 없지만 농담처럼 대만에 가면 매일 평일 미사에 참석하고 「주님의 기도」는 꼭 중국어로 외워 오겠다고 약속드리고, 2015년 11월 30일에 3개월 놀러 온 계획이었는데 곧 대만 생활 9년이 된다. 그렇게 나는 대만에서 제2막의 인생을 살고 있다.

　대만에 온 첫날부터 지금까지 국적을 막론하고 가장 많이 받는 질문이 '왜 대만에 왔어요?'였는데, '그냥 놀러 왔어요-'라는 내 답변은 의아한지 진짜냐고 되묻는 경우가 많았다. 진짜 3개월 과정의 평일은 어학연수와 주말은 여행하는 계획이었다. 그러다 시간표에 맞춰 공부만 하는 생활이 다시 대학생 새내기로 돌아간 것만 같아서 게스트 하우스 청소 알바를 하며 대만살이를 연장했다. 물론, 중국어가 3개월 만에 끝날 언어가 아니었기 때문이다.

　그렇게 1년이 지나서 중국어를 활용해서 일하고 싶어 찾은 직업이 모양새나 수입 면에서 훨씬 그럴싸한 한국어 투어 가이드였다. 평소에 생각해 보지 않은 직업으로 돈을 버는 게 신기했지만, 일주일에 겨우 하루를 집에서 잘 만큼 바쁘게 지내던 언젠가부터 또 스스로에게 질문을 던졌다. "왜 또 이렇게 바쁘게 살아?", "왜 대만에 온 거야?", "나, 가이드하려고 대만에 왔니?" 그 답을 찾아보자는 호기심으로 43살에 학부 과정으로 가톨릭을 가르쳐주는 보인대학교 "천주교학과"의 새내기가 됐다. 물론 대만을 포함한 많은 나라에서 다양한 형태로 가톨릭을 배울 수 있다. 그렇지만 대부분 신학원 과정에 있고, 학사학위 과정으로 바티칸의 승인 받은 것은 보인대학이 유일하기에 중국어도 배우고 이곳에 부르시고 살게 하시는 주님의 뜻이 무엇일지? 그 해답을 찾길 바라는 오춘기의 마음으로 진학했다. 다행히 신학원보다 덜 어렵고, 다른 학부의 학과들보다 학생도 적고, 학업적 스트레스도 많지 않았다. 그렇게 일과 학업을 병행하다가 나 역시 누구도 예측 못 한 코로나 백수에 처했다.

전 세계가 자국민을 돕고자 정부에서 많은 지원 정책을 펼쳤지만, 나는 한국과 대만, 어디에서도 코로나 지원금을 받을 수 없었고, 상황상 어디서도 알바할 수도 없었기에 코로나 1년은 모아 놓은 돈으로 버텼고, 전혀 수입이 없던 코로나 2년에 학위가 중요하지 않기에 학업을 중단하려고 했으나, 천사들의 도움과 용케 받은 성적 장학금으로 무사히 졸업했다. 왜 그렇게 저를 붙잡으셨는지? 이방인의 삶으로 신비의 체험을 했음에도 허전함과 특별한 결과물이 없기에 염치없게도 대학원에 진학했다. 그 갈증을 채우고 연구 방향 밑 자료조사가 필요했으며, 매일 아침 6시 반, 미사에 참여하는 신앙적 매너리즘을 극복해 보자는 마음으로 홀로 떠난 대만 성지순례 일주로 이 책이 탄생하였다.

어쩌면 대만 가톨릭에 관심이 있는 사람은 많지 않을 것이다. 대만 내에서도 가톨릭 신자는 겨우 1.3%이기에 대만 가톨릭 역사는 물론 신앙과 문화 등에 대한 인식과 자료는 많지 않다. 그래서인지 코로나 시국에 외국인 신분이고 부족한 나의 중국어 실력으로, 인터넷으로 단순히 '성지 聖地'로 검색된 목록만 들고, 좌충우돌하며 직접 눈으로 확인하고 대조하며 일주했었다. 그러나 나의 게으름과 알바, 대학원 수업 그리고 갑자기 풀린 하늘길(2022년 10월)로 다시 정신없이 바빠진 일상에서 순례기를 쓰기는 쉽지 않았다. 목록에서 누락된 곳도 있고, 내용도 부족했다. 역시나 출판은 내게 과분한 일이라고 생각하고 털어 버리기 위해 휴식 차 찾아간 지인(양수방 楊淑芳=양쌤이라 칭하겠다)을 통해 용기와 힘을 받았고, 2차 순례를 기획하고 자료를 더 보충하였으며 무엇보다 영성적 깊이를 더하고자 애썼다.

그래서 1차 순례의 기록과 자료에서 누락된 내용을 보완하여, 결국 2차 순례에서 7개 교구의 30개 성지를 완주했다. 따라서 혹시나 대만 성지순례에 대한 정보가 필요하신 분들을 위해 또는 타국(대만) 생활에 대한 누군가의 다양한 경험을 간접 체험하고 싶은 분들을 위해 이것저것 두서없이 적었다. 또한 대만 관광지 여행이 식상해지신 분들과 개인의 사색과 성찰을 즐기시는 분들, 권태 해진 신앙생활에 신선함이 필요하신 분들을 위해 날라리 평신도였던 내가 삶 속에서 느낀 신앙 고백을 꼰대의 잔소리처럼 써봤다. 민낯을 드러내는 듯한 부끄러움에 출판을 망설일 때, 평신도의 사명을 실천하는 것이고 어쩌면 주님의 뜻일지 모른다는 가르멜 수도회 서창규 알로이시오 신부님의 조언에 탄력받아서 본격적으로 컴퓨터에 묵혀 뒀던 파일들을 털었다.

말도 안 되는 날 것의 초고에 국민학교의 우정답게 솔직하게 피드백을 준 바오로 딸 수녀회의 정상희 첼레스티나 수녀님, 특별한 친분이 없는데도 흔쾌히 읽어주시고 글쓰기의 정석을 알려주신 한국 외방 선교회 양재오 신부님, 무한 긍정으로 언제나 응원해 주신 프란치스코 마리아 전교 수녀회의 유혜정 마리나 수녀님께 진심으로 감사의 인사를 드린다.

이것이 주님께서 저를 대만으로 부르신 이유라고 믿으며, 지금의 나를 존재하게 한 대만 가톨릭과 주님의 천사들에 대한 먼지만큼의 보답이라 믿고, 나의 흰머리와 노안을 희생시켰다. 또한 세상의 모든 작가에 대한 존경과 내 인생의 처음이자 마지막이라는 결연한 마음으로 의자와 혼연일체 하며 썼다.

이 책을 누구보다도 기뻐하실 나의 대만 대천사, 보인대학과 '천주교학과' 찐위웨이 金毓瑋 신부님의 영전에 이 책을 바친다. 신부님 생전에 완성하지 못한 제 게으름과 나태함을 고해하며, 암세포 없는 천상에서 편히 쉬시길 기도드린다.

또한 제멋대로 야생에서 자란 것 같지만, 알고 보면 귀한 외동딸의 대만행을 흔쾌히 허락해 주신 부모님과 내 빈자리까지 채우느라 수고하는 오빠와 남동생 가족에게도 진심으로 감사드린다.

끝으로 무엇보다도 작은 저를 대만으로 불러주신 하느님께 감사드리고, 제 모든 삶에서 만나게 해주신 주님의 사람들과 그 은혜에 감사와 모든 영광과 찬미를 주님께 바친다.

이경옥 소화 데레사

목차

추천 글_4

여는 글_6

순례 준비_12

I. 화롄 花蓮 + 타이동 台東 교구
1. 화롄 花蓮, 가난한 이들의 동정녀_21
2. 타이동 台東, 시아오마 허핑산_12

II. 가오슝 高雄 교구
3. 완진 萬金, 성모 성전_46
4. 지아핑 佳平, 파티마 성모_55
5. 가오슝 高雄, 로사리오 성전_60
6. 쥐잉 左營, 성녀 소화데레사_64

III. 타이난 台南 교구
7. 타이난 台南, 중화 성모_69
8. 위징 玉井, 즐거움의 샘이신 성모 마리아_73

IV. 자이 嘉義 교구
9. 메이산 梅山, 중화 성모_88
10. 네이푸 內埔, 성녀 소화데레사_94
11. 수즈지아오 樹仔腳, 성 요셉_98

V. 타이중 台中 교구
12. 수웨리 水里, 만복 성모_102
13. 춘양 春陽, 중화 순교 성인_110
14. 우펑 霧峰, 성 요셉_116
15. 쌍스루 雙十路, 파티마 성모_119

VI. 신주 新竹 교구

　16. 먀오리 苗栗, 로레토 성모의 집_131

　17. 신주 新竹, 소화 데레사_139

　18. 동난지에 東南街, 가르멜 성모_142

　19. 시먼지에 西門街, 예수 성심_148

　20. 관시 關西, 루르드 성모_153

VII. 타이베이 台北 교구

　21. 투청 土城, 성 안토니오_158

　22. 반치아오 板橋, 중화 순교 성인_162

　23. 우라이 烏來, 파티마 성모_170

　24. 단수이 淡水, 파티마 성모_178

　25. 란야 蘭雅, 성모 발현 기적의 메달_182

　26. 완화 萬華, 성녀 소화 데레사_187

　27. 시즈 汐止, 성 프란치스코_193

　28. 쓰지아오팅 四腳亭, 루르드 성모_200

　29. 이란 宜蘭, 성 가밀로_206

　30. 우펑치 五峰旗, 성모 성지_218

맺음 글_228

부록:
대만 성지 목록 및 지도_234
대만 30곳 성지 구글 지도 QR 및 주소_235
가톨릭 피정의 집_238
대만, 여기 좋아요!_직업적 꿀팁_239

순례 준비

대만 환도 環島를 하게 된 것은 코로나가 발생하고 오도 가도 못하던 2020년, 재학 중인 보인대학교에서 주최한 자전거 일주에서 시작된다. 당시에는 정말 대만이 코로나 청정구역인가? 확인하고 싶은 마음과 감옥 아닌 감옥생활에 대한 탈출이었다. 그렇게 50명의 용사 勇士라고 불리는 남녀노소가 단체 라이딩을 하며 대열 훈련을 하고 각자 개인 체력 훈련을 하고 출발했다.

2020년 8월 3일 출발일은 날씨도 짓궂게 태풍 하구핏이 상륙해서 흐린 날씨로 출발했지만 금세 퍼붓는 태풍의 비바람을 버텨야 했다. 쫄쫄이 옷 위로 떨어지는 빗방울이 어쩜 그리도 따가울 줄이야… 그렇게 완주라는 목표로 앞만 보고 달렸기에 가장 큰 성과는 정신이 육체를 지배하고 극복했다는 것과 10박 11일의 고된 여정에서 서로 의지하고 위로했던 용사 勇士, 스텝, 선생님들이다. 그렇지만 정서적 교감은 그리 크지 않았기에 심적인 허전함과 여운으로 남겨진 감흥은 별로 없다.

그래도 자전거 환도 環島를 통해 한 사람도 확진되지 않은 청정 대만을 확인했고, 그 뒤에도 많은 곳을 싸돌아 다녔다. 그럼에도 이상하게 즐겁지 않았다. 한국을 비롯해 전 세계가 팬데믹 상황에서 모임 및 통제가 심한데 나 홀로 자유로운 것이 기쁠 일은 아닌 것 같았다. 그렇게 시간이 흘러 보인대학교 천주교학과라는 학부 생활을 마감하고, 대학원의 새로운 출발을 기념하기 위해 2022년 8월 8박 9일로 나 홀로 성지 순례 여행을 떠났다. 무대뽀 일정에서 얻은 감동과 부족, 아쉬움 등을 만회하고자 2023년 두 번째 성지순례를 준비했다. 아마도 주님께서 오래전부터 준비하신 것은 아닐까? 생각해 본다. 동행을 하신 양쌤이라고 칭한 양수방 楊淑芳 선생님은 내가 현재도 거주하고 있는 소화 데레사 수녀회 기숙사의 이웃이었고, '성 이나시오 영성 심리' 상담사이다. 2021년에 우리 기숙사로 이사를 오셨고, 복도에 구비된 작은 공용 냉장고에서 우연히 발견한 맥주캔을 통해 인사를 하게 되면서 그분의 피정 프로그램 등등을 참여하며 친분을 쌓았다.

나의 대만 환도 環島가 단체로 자전거를 타는 액티비티였고, 대중교통으로 홀로 떠난 어드벤처였다면 이번에는 자동차로 양쌤과 일주하는 버디 buddy 형태로 장르에 변화를 줬다. 마침, 오랜 외국 생활로 대만 여행이 많지 않던 집순이 스타일의 양쌤은 그동안 들어왔던 나의 대만 일주 이야기로 호기심이 생겼고, 시간과 금액도 문제가 없었다. 그래서 나의 세 번째 대만 일주는 생각보다 일사천리로 진행되었다.

사실 양쌤의 금액은 중요하지 않았다. 원래 내가 다 지불할 생각이지만 양쌤이 부담이나 미안함을 느끼실까 봐 경비 및 예산을 자세히 언급하지 않았다. 준비부터 출판까지의 경비는 내가 지불할 계획이다. 어쩌면 내가 아니라 주님의 천사들을 대신해서 나는 결제만 하는 것이다.

앞에서도 언급했듯이 2022년, 검증 없이 대충 인터넷으로 성지 聖地라는 단순 키워드 검색으로 도출된 목록을 들고, 순례를 다녀온 이후에 "여기가 왜? 성지일까?"라는 궁금증에서 2차 순례가 시작되었다. 그래서 자료를 찾아보던 중에 대만의 많은 곳들은 외국인 성직자분들이 모국으로 가서 가난한 대만 가톨릭을 위해 모금해 와서 형성되었음을 알게 되었다. 말이 좋아 모금이지 그 성직자분들에게는 자존심을 조금 내려놓아야 하는 행동이지 않은가? 자기 인생을 주님께 봉헌하여 신자들 영혼의 위로와 구원의 길을 안내하는 것도 충분한데 주님의 집을 짓는 경제적 도움까지 서슴지 않는 이야기에 나는 많이 감동했다.

그래서 내가 할 수 있는 한국어 교육으로 재능 기부했고, 산간마을 원주민 초등학생들을 위한 자원봉사 활동도 했다. 그러다 대만의 코로나 봉쇄가 해제가 된 후에 나를 찾아 주시는 관광객들을 통해 큰 감동과 감사를 느끼는 와중에 어쩌면 주님께서 이분들을 통해 십시일반으로 뭔가의 예산을 만들어 주신다는 생각이 들었다. 그래서 어딘가 기부를 할까? 아니면 내가 받았듯이 누군가에게 장학금을 줄까? 했지만, 그러기에는 너무 약소하고 지속 가능한 금액이 아니라 소수가 아닌 불특정 다수에게 활용될 방법을 고민하다가 출판을 결심하게 되었다.

이런 좋은 취지 때문인지 퇴직을 앞두고 계신 양쌤이 합류를 결정하셨고, 무엇보다 중요한 것은 우리 둘의 합, 호흡이기에 사전 미팅 및 합숙 등의 워밍업을 위해 양쌤이 계신 이란 宜蘭과 지아오시 礁溪를 몇 차례 방문해서 기획 의도 및 역할, 순례 기간, 경로 방향 등의 회의도 진행했다. 그러나 출발 전에 서로의 바쁜 일상을 문제없이 마무리하느라 정신도 없었고, 사무적으로 명확한 문서적 관계가 아니어서 그랬을까? 어쩌면 서로 다른 국적, 나이, 환경 등등이 달랐기에 당연히 정서, 문화, 언어적으로 완벽하게 소통하지 못한 것이 가장 큰 문제였을 것이다. 너무 다른 두 여자의 여정이 마냥 즐거울 수만은 없었다. 자, 그럼 그 하루하루를 들여다보자!

날 짜 : 2023. 08. 28 (월) **날씨 : 너무 맑음, 태풍전야**

    2022년 나홀로 순례는 북서-서-남-동 : 시계 반대 방향으로 기차와 대중교통을 타고 뚜벅이로 7개 교구의 14개 성지를 일주하는 코스였고, 대중교통이고 일정상의 문제로 타이베이 교구는 별도로 방문했다. 그래서 순례보다는 방문이었고, 대략 1년 동안 추가까지 총 24개를 다녀왔다.

    2023년 순례는 북동-동-남-서 : 시계 방향으로 혼자가 아닌 양쌤과 자가운전으로 7개 교구 30개 성지를 접근성과 기동력이라는 장점을 살려 기간 내에 모두 순례하는 것이 나의 목표였다. 그래서 전날에 와서 여유 있게 출발하고 싶었지만, 방 청소하실 양쌤을 생각했고, 조금이라도 원고를 샘플링해서 보여 드리고 싶어서 출발 당일에 만나기로 했다. 새벽 2시에 자서 새벽 5시에 일어나 기숙사 문이 열리자마자 택시 타고 타이베이 위엔산 圓山 터미널에서 가까스로 6시 시외버스를 탔다. 이란 宜蘭 터미널에 7시 30분 도착 예정이라고 문자를 남겼고, 이미 일어나신 양쌤의 답장을 보고 나는 부족한 잠을 보충했다. 도착해서 익숙한 차를 건널목에서 만나 간단히 인사하고 8시 미사가 있는 구세주 성당으로 갔다. 무사 귀환과 둘의 관계가 문제없기를 내 모든 숨결을 실어 기도드렸고, 양쌤이 우리 일정의 안전을 위해 본당 신부님께 미사 봉헌을 요청하셨다.

    미사 때마다 느끼지만 스리저 施立哲 신부님은 아프리카의 사도, 선교를 열심히 하는 "예수성심 성 콤보니 전교 수도회(Comboni Missionaries of

Heart of Jesus)" 소속으로 수도자를 넘어 고행자의 절제되고 응축된 듯한 깊은 신심이 느껴진다. 성당에 직접 설치하신 스 施 신부님의 조형물에서도 느낄 수 있다.

> "우리는 여러분이 선택되었음을 압니다. 그것은 우리 복음이 말로만이 아니라 힘과 성령과 큰 확신으로 여러분에게 전해졌기 때문입니다."- 1 테살로니카 1장 4-5절

우리는 어쩜 오늘의 제1독서처럼 하느님께 선택되어 우리의 믿음을 통하여 대만 가톨릭에 전해진 참하느님을 섬기는 모습을 기록하는 증거자의 모습으로 길을 나서는 것일지도 모른다. 그래서 이번 순례에서 30개 성지의 완주, 여정의 안전, 동행자와의 평화가 가장 중요하다. 솔직히 나에게 세 번째가 가장 큰 걱정이다. 왜? 성지는 이미 정해졌고, 안전은 무리하지 않으면 되지만 동행자와의 평화는… 나만의 문제가 아니다. 이런 여행이 처음인 양쌤은 어제까지도 지인들의 걱정과 조언 때문인지 태풍이 오니까 코스를 시계 반대 방향으로 진행하자고 제안하셨다. 내가 태풍의 경로를 수시로 확인했을 때 2023년 9호 태풍(사올라)은 세력이 강하지만 느리게 오고 있었다. 따라서 태풍이 우리 뒤에서, 우리 경로보다 남쪽으로 올 것이라는 판단으로 동남서북으로 결정했다. 기상 전문가도 아니면서 무슨 근거로 결정하느냐고 묻는다면… 그저 나의 깡과 믿음이라고 말하고 싶다. 그 믿음이 틀리지 않음을 기도로써 청하고 또 청했다.

▲ 이란 구세주 성당(宜蘭救主堂).

 아침 요기와 간단한 수다를 위해 편의점에 들어가 커피를 주문하고 양쌤과 같이 아침으로 먹으려고 사 온 빵을 꺼냈다. 아쉽게도 이미 아침을 드신 양쌤, 내 빈속을 채우며 20km 근처에 있는 성 가밀로 St. Camillus 성지로 가자고 했다. 왜냐하면 그곳은 작년에 나 홀로 순례에서 양쌤과 오랜만에 재회했던 곳이라 그를 기념하며 함께 시작하기에 최적의 장소라고 생각했다. 그리고 마무리는 역시, 대만 성모 발현 성지인 우펑치 五峰旗에서 일출을 보며 마무리. 나는 이것이 매우 낭만적이라 생각했다. 그래서 이런 의도로 일정과 루트를 드렸음에도 설명할 수 있는 시간이 부족해서인지 양쌤은 이미 가본 곳을 왜 가야 하는지 되물으시며 안 가도 된다고 꼭 가야 하면 마지막에 가자고 하셨다. 그래, 어찌 보면 순서가 중요하지 않기에, 방금 미사 때 드린 "동행자와의 평화" 기도를 떠올리며 알았다 하고 일단 출발! 첫 번째 목적지 설정을 두고 두 번이나 유턴하며 졸지에 화롄 花蓮이 이번 순례의 첫 번째 성지가 되었다.

우리는 안전 운전을 위해 출발과 동시에 삼종기도를 하고 양쌤이 예수회 신부님들이 수도회를 떠나 선교지로 파견되기 전에 한다는 기도문(道路之母與我們同在。 바른길로 인도하시는 길 속의 길이신 성모 마리아님, 저희와 함께하소서!)을 매일 하기로 했다. 기도를 마치고, 해안의 푸름에 반했다. 언제나 그렇듯 태풍전야의 날씨는 참 좋다. 구비진 산길도 좋고 어느새 탁 트인 태평양 해안가는 더욱 좋았다. 그렇게 감탄사와 감사드리며 텐션은 점점 올라가고 있었다. (이 태풍 전야는 꼭 날씨에만 적용되는 것이 아니었음을⋯ 나는 순례 중에 많이 깨닫게 된다.)

　2시간 남짓 운전을 했으니, 휴식이 필요하다. 그래서 한눈에 담기지 않는 드넓은 태평양이 보이고, 유라시아 대륙판과 태평양 해양 지질판의 충돌로 융기된 대만 지질 단층을 세트로 한눈에 감상할 수 있는 '청수단애 淸水斷崖'에서 쉴 거라 생각했다. 그런데 양쌤은 더 지나가서 차를 멈춘다. 물론 명칭은 같은데, 관람객이 북적이지 않는 소박한 전망대. 오⋯ 역시, 현지인들이 즐기는 풍경 맛집답게, 컴퍼스로 그린 듯한 깔끔한 곡선의 해안가에 에메랄드 태평양이 넘치도록 출렁인다. 맑

고 푸르른 대자연을 만끽하고 목적지 근처에서 뱃속을 충전하기로 했다. 화롄 花蓮의 성지는 관광지가 아닌 지안산 吉安山 중턱에 있기에 편의 시설이 전혀 없다. 다행히 산밑은 대만의 불교재단이 설립한 '자제과학기술대학 慈濟科技大學'이 있어 저렴하면서 다양하게 메뉴를 고를 수 있다. 뱃속에 편한 채식 메뉴로 배를 채웠고, 해발 300미터가 좀 넘는 굽이굽이의 가파르고 좁은 산길을 10년 넘은 양쌤의 차가 무리 없이 시원하게 올라갔다. 가끔 내려오는 차들과 만날 때면 조마조마할 정도로 좁은 길이라서 조수석에 앉은 나 역시 악셀레이터를 밟듯이 두 발에 힘을 주고 갔다. 오른쪽의 화롄 시내가 점점 작아지는 만큼 가까워지는 하늘을 통과해서 천국의 문에 다다를 것 같은 뜻밖의 감동이 올라와 기뻤다. 그렇지만 대형 버스로 단체나 도보 순례객은 산 밑에서 걸어 올라와야 하기에 가히 고행의 길이라 말할 수 있겠다.

  2022 년에는 초행길이라 숙소 사장님께 교통편을 묻고 애매해서 택시를 타고 올라왔었다. 교통편이 없는 걸 잽싸게 간파하고 기사님께 미터기를 켜 놓고 대기해 달라 부탁하고, 폭탄 요금이 무서워서 정신없

▼ 청수단애 清水斷崖 전망대.

이 초스피드로 후다닥 둘러보며 그 택시로 하산했었다.

구글맵에서 편도로 도보 52분이 나온 게 오류가 아님을 택시 엔진 소리에서 실감할 수 있었다. 그래도 다음에는 걸어 올라오고 싶다. 왜냐하면 프랑스 철학자, '프레데리크 그로'는 "걷기, 두 발로 사유하는 철학"이라는 책에서 니체, 칸트, 간디 등등의 걷기에 대한 각자의 관점을 소개하지 않았던가?

1. 화롄 花蓮 - '**가난한 이들의 동정녀 성지** 窮人聖母朝聖地'의 철문을 열고 들어오면 천사가 날개를 펼치고 맞이해주고, 도처에 규칙을 알 수 없는 성상과 십자가의 길(3곳), 묵주기도 코스(4곳)가 배치되어 있다. 차를 주차하고 내리니 멍멍이들이 접근한다. 총 세 마리다. 작년에는 이렇게 다가오지 않았는데… 왜? 이번에는 이리도 경계? 격한 환영? 무엇이 되었든 상관없는데 오늘은 쉼 없이 짖어대서 너무 무섭기만 하다. 양쌤이 내가 먹다 남긴 빵을 준 틈에 지나왔고 양쌤이 계셔서 안심되지만, 나는 개에 대한 트라우마가 있어서 미안하게도 무섭다. 그래서 이 녀석들의 잘린 다리, 곳곳에 있는 상처, 피부병이 안쓰럽고 아파 보이지만 쓰다듬으며 위로해 줄 용기가 전혀 없다.

그렇게 도망치듯 성당으로 들어갔다. 가난한 이들의 동정녀 성지라는 명칭처럼 건물은 샌드위치 판넬로 세워졌고, 실내도 소박할 뿐이다. 물론 지붕 너머로 보이는 마운틴 뷰는 첩첩산중의 산세로 한 폭의 수묵화 같다. 오른쪽으로 화롄 시내를 지나 펼쳐진 바다와 하늘이 모호한 수평선을 기준으로 모든 블루의 그라데이션을 보여주고 있다. 어쩜 야경과 일출은 더욱 아름답겠지만 이 풍경을 위해 혼자서 숙박할 담력은 없기에 지금, 이 시간을 만끽한다. 까르페 디엠 Carpe diem

1. 화렌 花蓮

가난한 이들의 동정녀 성지
窮人聖母朝聖地

1996년 하느님의 보살핌과 성모님의 이끌림으로 이탈리아 밀라노 화교가 거대한 '가난한 이들의 동정녀' 상을 첸즈춘 錢志純 주교님께 기증했다. 그리고 화롄 花蓮 지안산 吉安山 해발 300m 자락에 모시고 성지를 조성하기로 했다. 수많은 사제와 신자들의 도움으로 2년여 만에 1998년 10월 3일 '가난한 이들의 성모 성지'로 봉헌되었다.

'가난한 이들의 동정녀'는 벨기에 바뇌(Banneux)의 성모님으로 제1차 세계대전으로 바뇌 지역 사람들이 사회주의와 무신론에 빠졌던 1933년 1월 3일, 마리에트 베코(Mariette Beco) 13세 소녀에게 발현하시어 벨기에 가톨릭을 회복시켰다고 한다. 물론 그 후로 3월 2일까지 총 8번 발현하셨고, 발현 당시의 모습은 하얀 옷에 발끝까지 내려오는 하얀색 베일을 하시고 얼굴을 왼쪽으로 살짝 기울여 가슴 위치에 합장하시고 오른팔에는 황금 십자가의 묵주가 걸려있었다. 또한 오른발 위에 황금 장미가 얹혀 있었다고 한다. 두 번째 발현 때는 마리에트를 작은 샘물로 이끌어 손을 담그게 하고, 마시게 하였다. 세 번째 발현 때에 "가난한 이들을 위한 마리아다"라고 신분을 알려주시고, 샘물은 가난한 이들과 병자들을 위한 샘물이라고 말씀하셨다. 네 번째는 작은 성당을 원하신다고 하셨다는 등등의 여덟 번의 발현과 메시지를 통해 바뇌(Banneux)에 작은 성당이 지어지며 성지가 조성되었다.

실내로 들어서면 숨진 예수님을 안고 계신 성모 마리아의 피에타 Pietà 조각상이 있는데 분위기 때문인지 한없이 가련하다. 성체 조배실에는 원주민 아미족 阿美族 부족에서 가장 높은 지위를 상징하는 머리 장식의 성모 마리아상이 있다. 이를 통해 원주민들의 존경심과 순수한 신앙심이 느껴진다. 사진에서 알 수 있듯이 1년 새 많이 정돈된 모습이지만, 각종 재활용 재료로 꾸민 듯한 환경보호 의미 같은 조경과 곳곳에 써놓은 붉은 색의 안내문과 글귀는 대만살이 8년이 넘은 나의 정서에도 여전히 낯설다.

"눈먼 자들아! 무엇이 더 중요하냐? 예물이냐, 아니면 예물을 거룩하게 하는 제단이냐?" - 마태오 23장 19절

오늘의 복음은 이곳 성지에 합당한 것 같다. 그래서 첫 번째 순례지가 되었나? 제단이 허름하고 가난해도 재물이 넉넉지 않아도 과부의 헌금처럼 정성을 다하고 온 마음으로 받치면, 그 마음은 부자가 될 거라고 믿는다. 이렇게 소심한 내가 가난한 이들을 위하여 무엇을 할 수 있을까? 제물이 아닌 제단, 성전, 하늘을 두고 맹세하며 기도를 청했다.

성당을 나와 관리자분을 만나 이곳 상황을 들었다. 지금의 모습을 기획하고 조성, 관리, 담당하고 계신 분은 리셩차이李昇財 신부님이라고 한다. 산속에 있으니 본당 신자가 많지 않고, 봉사자도 없으니 이 넓은 땅을 연로한 두 분이 관리하기에 열악할 수밖에 없다. 그리고 지저분한 듯, 흉측하게 방치된 듯한 수많은 성상과 조형물은 지진이나 태풍으로 깨지고 박살 난 것으로 대만 전국에서 모여진 것이라고 한다. 어쩌면 여기가 성상 聖像들의 매립지? 무덤 같다. 아니면 조경으로 재탄생된 부활의 장소는 아닐까? 어느새 주변을 맴도는 성치 않은 개들과 가난으로 소외된 이들의 상처받은 모습이 버려진 성상 聖像에 투영되어 하늘과 가까운 이곳에서 그들의 힘겨운 외침과 숨소리가 주님께 잘 전달되기를 바라는 마음이 아닐까? 라고, 달리 생각해 본다.

주보 성인 : 가난한 이들의 동정녀
주소 : 花蓮縣秀林鄉水源村金嵐2之9號 | 전화 : 03-587-3765
교통 : 화롄 기차역에서 택시 편도 NT500 정도,
※산 내려올 교통이 없기에 도보나 택시 붙잡아 둬야 함.
https://hualien.catholic.org.tw/modules/tadnews/page.php?nsn=362

▲ 아메이족 阿美族 머리장식의 성모님.

▲ 2022년 ▼2023년 피에타 성모상.

▼ 대만 각지에서 모여진 성상 聖像.

| 날 짜 : 2023. 08. 29 (화) | 날씨 : 뜨거운 파랑, 밤에는 기습성 폭우 |

숙소로 예약한 곳은 2022년 7월 쫑허 中和 지역의 신자들과 화롄 성지순례 여행 花蓮朝聖之旅을 왔을 때 등산과 캐니어닝도 하면서 열흘 동안 묵었던 "파리 외방 전교회(Missions étrangères de Paris, MEP)" 피정의 집이다. 1658년에 설립된 수도회로 김대건 신부님을 포함한 한국 사제 양성에 도움을 주었고, 1831년 바르텔르미 브뤼기에르 주교를 한국에 파견해 신유박해로 시작된 탄압에 순교했던, 한국 가톨릭 역사와 관련이 많은 수도회라 이미 내적 친밀도가 쌓여서 그런지 편히 잘 잤다. 나는 보기와 다르게? 까칠하고 예민해서 잠자리를 가리고, 잠귀도 밝고, 음식과 화장실도 많이 가린다.

이런 나의 성격은 2004년, 스물아홉이라는 늦은 나이에 여자야구를 하면서 바뀔 수밖에 없었다. 왜? 내 컨디션이 좋아야 개인 성적이 좋고, 그래야 팀에서 쓸모 있는 선수로 자주 경기에 나가고, 팀의 성적에도 도움이 되기 때문이다. 이런 것은 참으로 바람직한 이로운 이기적이다.

한참 야구에 미쳤던 그때는 거의 매일 레슨도 받고, 온갖 부상으로 병원비를 냈고, 자비로 대회에 참가하느라 전국을 누비며 수억을 썼다. 취미를 태릉인처럼 했던 것은 학창 시절의 가난과 집안 반대로 체대에 못 갔던 한풀이였다. 그때의 열정은 국가대표 선수로 발탁되어 일본 마쓰야마 현에서 개최된 2008년 WBSC 세계 여자야구 월드컵 대회에 출전하게 했다. 그리고 2009년에는 부평 국화 리그의 우승과 포스트시즌의 우승까지 종합 우승을 했다. 포스트 시즌의 준결승과 결승전은 여자야구 환경이 그렇듯 당일에 6이닝씩 중간에 한 시간의 휴식을 갖고, 더블헤더로 치렀는데 두 경기의 선발 투수로 모두 완투했다. 한 선수가 12이닝을 던졌다는 것은 프로야구에서도 보기 드문 일로 1987년 해태 vs 롯데 연장 15이닝, 박빙의 2:2 무승부 경기에서 선동열이 232개 완투한 경기다. 여자야구가 어찌 그럴까? 아쉽게도 기억이 가물가물하지만 볼 컨트롤이 좋지 않고, 수비 실책으로 대량 득점하는 여자야구의 특성상 아마도 나는 두 경기 합쳐 최소 400개 이상 던졌을 것이다. 연습 투구와 수비 때의 송구까지 하면 아마도 500개는 족히 될 것이다. 신장 158cm. 당시 44kg의 일반인 여자가 그렇게 던져서 팀이 우승한다는 것은 야구 만화에서나 나올 법한 기적일 것이다. 이것은 물론 내가 아니라 팀 선수들이 함께 만들었다. 외동딸로 자란 내가 팀을 생각하며 나를 희생하여 함께 행복할 수 있다는 것을 배우게 된 계기였다. 모든 스포츠에는 남을 돕는다는 표현으로 어시스트 Assist라는 용어를 쓴다. 하지만 야구는 희생번트 Sacrifice Bunt, 희생플라이 Sacrifice Fly라고 희생이라는 단어를 사용한다. 이것이 내가 야구를 사랑할 수밖에 없는 매력 포인트다.

 순례자의 모드로 내가 운전대를 잡고 화롄 주교좌 성당으로 갔다. 미사에 참여한 신자는 조촐하게 10명 미만. 헤로데 왕이 요한을 죽인 것은 '체면' 때문이었다는 강론 말씀이 또 많은 것을 생각하게 했다. 내가 한국에서 가지고 있던 체면을 내려놓고 대만에서 허드렛일 알바생으로, 신입생으로 살았기에 지금을 살아가고 있는 것 같다. 미사가 끝나고 타이동台東으로 이동하는 길은 다가올 태풍이 전혀 걱정되지 않을 만큼 날씨가 끝내준다. 그래서 인지 양쌤이 신나게 콧노래를 부르신다. 내가 아는 노래면 얼마나 좋을까?? 아쉽게도 멜로디가 뭔지 모르는 양쌤 청춘 시절의 유행가일 듯… 그러다 '아베마리아'를 부르신다. 양쌤에게 이 노래는 주님의 응답이라고 한다. 영국 생활에서, 대만 대학원에서, 중국에서도 어떤 중요한 선택의 기로에서 이 멜로디가 들려왔고, 곧 주님의 표증이라고 믿는다. 우리가 사전 회의 겸 만난 자리에서도 '방금 들었어? 아베마리아가 흘러나왔어'라고 두 번이나 하셨다. 솔직히 나? 주의 깊게 듣지 않았기에 기억이 안 난다.

3시간 정도를 달려와 오전 11시에 **2. 시아오마** 小馬 '**허핑산 성지** 和平山朝聖地'에 도착했다. 작년과 달리 낮에 일행과 함께 와서 그럴까? 역시 느낌이 다르다. 나 홀로 순례 때 내가 가장 힘들어했고 실망과 함께 화가 났던 곳이라고 들은 양쌤은 '이게 뭐가 어때서?' 라는 약간 의아해하는 표정이시다.

잠시 2022년 8월의 당시를 소개하자면 타이동 기차역에서 택시로 해가 떨어져 어둑해진 18시 30분쯤 도착했다. 그리고 사전 연락을 했던 황 선교사를 만났고 시설에 대한 설명을 들었다. 지금에서나 이분이 선교사님이시지 그때의 첫인상은 어둑함 속에서 만난 경계 대상의 낯선 인물이었다. 본인의 숙소는 더 산속에 있고, 딸이 옆 건물에 지내는데 오늘 늦게 오니까 신경 쓰지 말고 편하게 이용하고, 4개의 방 중에서 마음대로 고르라고 하셨다. 나 이거 참, 99칸의 대궐집보다 더 고르기 힘들고, 준비가 부족했던 나의 무모함에 화가 났었다. 선교사님이 퇴장하신 뒤에도 한참을 망설이다 선택한 방에 가방을 내려놓았지만, 둘둘 말린 이불을 펼칠 엄두는 도저히 나지 않고 나

▼ 베들레헴 외방 전교회 白冷會의 손때가 고스란히 남은 숙소.

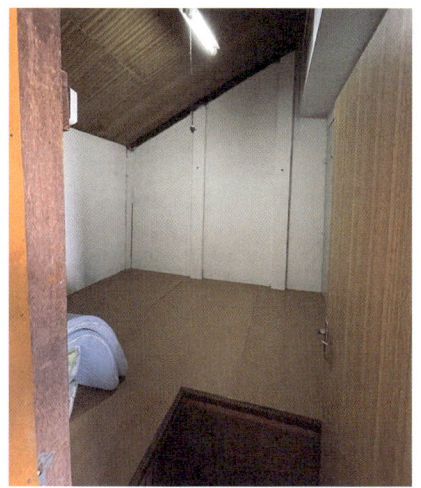

의 예민함은 극도로 날카로웠었다. 왜 이곳에 자리를 잡았을까? 한동안 사람의 손길이 없었나? 청빈을 넘어 궁상스럽게 보였다. 차라리 방이 없다고 하시지… 화렌 교구 등등에 애타게 연락해서 어렵게 구한 숙소치고 안락하지 않아서 불평과 한탄만 늘어났었다. 그러나 밤은 더 깊어지고 다른 방법이 없기에 나에게 주문을 건다. 어디서, 누구도 할 수 없는 리얼 야생 담력, 극기 훈련이라고 나를 세뇌시킨다. 그래도 전기, 물, 핸드폰, 인터넷은 되지 않는가?? 2000년 전 베들레헴에서 태어나신 예수님의 마구간에 비하면 궁궐이라고… 위로했지만 지금 생각해도 눈물이 날 정도로 힘들었다. 저녁을 안 먹은 나를 걱정해서 황 선교사님이 통통한 바나나 한 다발을 통째로 주셨지만, 모든 세포의 긴장은 이미 전투태세였기에 배고픔을 초월했었다.

사실 안 자고 밤새워 영상을 보거나 자료를 정리할까 했지만 생각뿐. 이미 연로한 나의 몸뚱이는 반드시 허리를 펴줘야 하기에 일단 맨바닥에 누웠고, 건조하고 침침한 눈은 눈꺼풀을 닫아 촉촉함을 유지해야 했다. 불을 꺼야겠지만 너무 어둡고 무서워 거실 등을 켜고 낡은 전선이 과열되지 않기를 바랐다. 그리고 모기나 개미 등의 반가움을 방지하기 위해 양말부터 긴바지를 입고 발목을 바닥 턱에 내놓고 언제든 튀어 나갈 준비 자세로 1/3 정도 문을 열어두고 11시 30분쯤 누웠다. 삐그덕거리는 온몸을 펴고 가방을 베개로 얇은 남방을 이불처럼 덮었다.

싸늘하고 딱딱한 베니어판 바닥에 누워 나는 왜 이 고생을 하는가? 모든 종교에는 고행이 있다. 나에게 밥 한 끼 금식과 금육은 쉽지만, 밤을 새워야 하는 철야는 이제 힘든 나이가 되었다. 새삼 편안하게 살아왔음에 감사를 느끼며, 이 하룻밤의 무서움과 불면에 묵주기도를 해본다. 그래도 잠들기 쉽지 않고 작은 백열전구에 눈이 부신 거 같아 모자로 눈을 가린다. 그렇게 잠과 씨름하다 본 시간은 12:45 A.M 아… 길고도 긴 밤이구나… 또 다시 건조한 눈이 떠지고, 3:20 A.M 모기를 쫓을 요량으로 켜둔 선풍기의 한기로 선풍기를 끄고 다시 눕는다. 5시 알람 소리에 눈을 뜨고 냉기에 굳어진 몸을 뒹굴뒹굴 예열하면서 어쨌든 몇 시간이라도 잤음에 놀라웠다. 정말 극한 체험이고 성공적으로 극복했지만, 다음은 없다. 한 번이면 충분하다. 나의 힘듦과 고통에 보상처럼 맑은 날씨를 허락하셨고, 내가 극복할 수 있는 힘(판단력, 인내심, 지혜, 용기…)이 레벨업 되었음에 감사했었다. 그렇게 그때 성장했기에 오늘 보는 이 풍경이 더 이상 놀랍지 않고 작년과 비교했을 때 보이는 소소한 작은 변화에 옅은 미소가 나온다.

덤덤하셨던 양쌤이 숙소를 보시고 나서야 숙박은 좀 힘들었겠다고 공감해 주셨다. 아… 그때의 심정을 누가 알아줄까? 그날의 온도, 감촉, 생각, 느낌 등은 아직도 생생한 나만의 특별한 기억이 되었다. 이렇듯 나는 지금, 이 순간은 절대 다시 오지 않는다는 주의라서 내일이 없는 것처럼 조금은 치열하게 살아왔었고, 지금은 치를 빼고 그저 열심히 살기를 희망하고 있다.

2. 타이동 台東

시아오마 허핑산 성지
小馬和平山朝聖地

1979년 대만 베들레헴 외방 전교회 Society of Bethlehem Missionaries(S.M.B.) 회장 츠주오지 池作基(Rev. Meinrad Tschirky) 신부님이 이 땅을 사고 "허핑산 和平山"이라고 불렀다. 그리고 1983년 9월 산궈시 單國璽 추기경에 의해 성지로 축성 받고, 황동 십자가상은 1983년 스위스에서 주문 제작해서 설치했다. 츠 池 신부님의 지도아래 교우들의 영성과 피정을 위해 사용됐다. 또한 2년 과정의 선교사 양성 및 훈련을 하는 교육 기관 역할을 하며 1999년 5명의 현지인 선교사를 배출했다. 그 중의 황리엔성 黃連生 선교사님 가족이 이 성지를 관리 운영하고 있다.

베들레헴 외방 전교회 白冷外方傳教會는 1921년 5월 20일 스위스의 피에트로 본돌피(Pietro Bondolfi) 신부님에 의해 창설된 선교단체로 1925~1946년까지는 중국에서 활동하다가 중국의 공산화가 되면서 화련 花蓮에서 자리를 잡은 '파리 외방 전교회'의 추천으로 1954년에 대만의 동부 타이동 台東에 정착했다. 원주민과 란위섬 蘭嶼島의 선교에 큰 역할을 했다.

총 46명의 수도자가 1960년 공동공업고등학교 公東高工를 설립하여 목공을 비롯한 공업 기술 교육을 숙식 제공하며 가르쳐서 지역 발전은 물론 대만 공업 기술의 발전에 일조했다. 또한 선교 지역에 54개의 교회를 세웠고, 성모병원, 직업 훈련센터를 설립 운영하고 있다. 어쩜 한국에서는 "오약석 신부님(吳若石 스위스 국적, Josef Eugster)의 발 건강법"으로 잘 알려진 수도회다. 본인의 무릎 치료를 위해 알게 된 발 마사지 법을 더 깊이 연구하여 의료시설이 열악한 타이동台東 원주민과 취약계층에 가르치며, 아직도 치유 사도직을 실천하고 계신다. 현재는 발에서 손 마사지까지 영역을 넓혀서 2023년 9월에 찾아갔을 때 내 만성 통증에 대한 손가락 혈을 눌러주시는데, 83세의 연세에도 손아귀 힘이 너무 매서워 비명을 질렀었다.

2024년 4월 기준 대만에 오셨던 수도자들은 모두 세상을 떠나셨고, 오약석 吳若石 신부님 84세, 오스딩 歐恩定 수사님 88세로 두 분만 대만 수도회를 지키고 계신다.

이 지역 명칭은 시아오마 小馬인데, 이는 해안산맥에서 내려오는 마우쿠시 馬武窟溪 계곡물을 아미족 阿美族 원주민 언어로 마로아롱 Maloalong이라 부르는 것에서 유래되었다. 그런데 왜 허핑산 和平山이란 명칭이 붙었을까? 허핑 和平은 중국어로 평화를 의미한다. 그리고 화 和라고 하는 한자의 왼쪽 禾은 벼를 의미하고, 오른쪽 口은 입을 뜻한다. 그러니 밥을 먹을 수 있으면 평화로운 것이라고, 양쌤이 한자에 대해 설명해 주셨다. 아마도 고생할 현지인 선교사들에게 의식주 衣食住에 대한 걱정을 덜어주고 평화로운 마음으로 선교하라는 의미 같다.

주소 : 台東縣成功鎮信義里小馬路132-1號
교통편 TIP : 타이동 台東 기차역에서 택시 (NT 1,000+)
전화 : 089-855-016
　　　0919-229-591 황리엔셩 黃連生 선교사
https://hualien.catholic.org.tw/modules/tadgallery/index.php?csn=132

위쪽 제단을 올라가려던 찰나에 황 선교사님의 사모와 마주쳤다. 이 넓은 땅을 관리하시느라 아침부터 이미 구슬땀을 흘리신 농부의 모습이고, 바쁜 일로 출타하시는 것 같아 인사를 나누고 자료 조사 때 확인된 산 중턱의 성모 동산 위치를 물어봤다. 알려주신 대로 차에서 내려 걸어가려고 했으나 그 길에 풀어진 개 한 마리가 쫓아다니며 짖어대고, 더 사나운 개는 목줄에 매어져 온 동네 개들과 단체로 으르렁대서 빠르게 포기했다.

바로 타이동 台東 시내 숙소로 이동해서 주차 먼저하고 체크인까지 해안가 산책을 하면서 낮 맥주를 한 캔씩 했다. 난 개인적으로 낮술을 좋아한다. 왜? 흔치 않은 기회이기에 일탈의 기쁨을 만끽하며 건배. 역시 예약한 트윈룸에 짐을 풀고 양쌤이 씻는 동안 나는 빨래부터 널어놓고, 저녁 먹으러 나갔다 오는 길에 굵은 비가 오다가 멈추고를 반복하는 것이 역시 9호 태풍 사올라가 무섭게 다가오는 것이 느껴진다. 그런 이유로 양쌤은 1박 추가를 제안하신다.

뉴스와 날씨를 검색해 보니 예상보다 더 강력해지면서 이틀 후에 가장 가까이 대만에 올 것으로 예측된다. 경로는 다행히 예전보다 더 남부 해양 쪽으로 내려갔기에 내 판단은 동쪽 태평양에서 오는 태풍을 피해 서둘러 서쪽으로 가야 한다는 것이다. 또 지인들의 걱정과 안부의 메시지가 왔는지 집콕의 양쌤은 역시나 불안해하신다. 게다가 대만 사람 특유의 죽음에 대한 두려움도… 그렇다면 나는 안전 불감증인가??

앞으로 운전은 내가 다 하겠다고 말했다. 본인의 운전이 불안하냐는 말씀에 내가 운전을 좋아하는 것도 있지만 양쌤이 운전하고 기도하시는 것은 체력적으로 힘들 것이기에 병이 나면 내가 감당할 수 없기 때문이라고 이성적으로 말했다. 사실, 오늘 해안 풍경을 달려오는 내내 기뻐하셨던 양쌤이 더 즐기시길 바라는 마음은 닭살인 거 같아 넣어뒀다. 그래서 일찍 출발해야 한다는 것이 여전히 불만이고 불안하신지 구글맵으로 경로를 검색하시고 소요 시간이 2시간 정도라고 말씀하신다. "쌤, 우리가 가야 할 길은 산길이고 해발이 좀 있어요. 그리고 지금 검색은 지금 시간대의 차가 거의 없는 교통 상황의 예상 시간이에요. 내일은 비와 바람 때문에 속도도 많이 못 낼 거라 시간을 더 잡아야 해요." 맘에 안 드시지만 반박도 못 하시는 표정이다. 그리고 내 판단은 뿌리가 깊지 않은 대만 동부의 산세를 태풍이 지나가고 물러진 산기슭의 해안가 도로를 지나는 것보다 먼저 지나가는 것이 답이라고 본다. 결국 우선 아침 미사 후에 강수량을 보고 출발을 결정하자는 타협을 하고 양쌤이 먼저 취침하고, 나는 정리를 좀 하고 평소처럼 12시쯤 불을 끄고 누웠다.

▼ 타이동 해변 공원 台東海濱公園.

날 짜 : 2023. 08. 30 (수) | **날씨 : 부슬비 + 태풍 파워가 담긴 짙은 모래빛 파도**

　우린 또 새벽 5시쯤 일어나 주섬주섬 떠날 준비를 한다. 우리에게 일찍 일어나는 것은 어렵지 않다. 양쌤은 5시쯤 일어나시는 듯, 나는 12시에서 6시쯤 일어나는 패턴으로 잠귀가 좀 밝지만 꿈 없이 깊이 잘 자는 편이라 6시간의 수면이면 충분하다.

　숙소 근처에 있는 '베들레헴 외방 전교 수도회'로 가서 미사를 드렸다. 주변 수도회의 수녀님들과 일반 신자들까지 30여 명의 인원으로 작은 성당은 금세 만석이다. 미사를 집전하신 신부님의 강론 주제는 "품격"이다. 예시로 하신 말씀은 대만 가톨릭에서 매우 촉망받던 신부님의 사건이었다. 구체적으로 말하기 어렵지만 미사 후에 양쌤은 나에게 그 예시에 대한 사건은 품격이 아니라 많은 사람들의 기대와 부담의 무게를 이기지 못한 심리라고 하신다. 그렇게 부담을 줬던 조직과 인재의 부족이라고 나는 맞장구를 쳤다. 어디나 훌륭한 인재가 탄생하는 것은 한 가지만 가지고 되는 것은 아니다. 특히 현대 사회에서 이제 개천에서 용 나는 일은 더욱더 힘든 일이다. 원석의 발굴부터 보석이 되기까지 철저한 시스템의 양성교육과 유지관리 등에 대한 경제적 뒷받침이 필요하다고 생각한다. 쾌락과 악마의 유혹은 너무도 달콤하기에 유명인부터 주변인들까지 나락으로 떨어지는 소식을 종종 듣게 된다. 성직자도 예외는 아니다.

▲ 2023년 9호 태풍 사올라가 오는 모습.

간단한 아침을 먹고 시동을 걸었다. 다행히 밤새 무섭게 내리던 폭우는 부슬비 수준이다. 9호 태풍(사올라)은 정오를 기준으로 영향이 있을 거라 했으니 그 안에 타이동 台東을 벗어나야 한다. 7시 20분쯤 출발 10시 20분쯤 도착 → 3시간! (구글맵 2시간 40분) 중간에 화장실 두 번 들린 것치고는 교통량도 적었던 탓에 준수한 속도였다. 오던 길에 가끔 뉴스에서나 보았던 집채만 한 태풍의 파도가 집어삼킬 듯 다가왔다가 부서질 때면 핸들 위의 두 손이 본능적으로 더 움켜쥐게 된다.

오늘의 첫 목적지는 핑동 屛東 근처의 "효애인애의 집(孝愛仁愛之家)"이라는 양로원이고, 양쌤이 뵙고 싶은 선생님이 계신다. 이곳을 오는 과정에서 양쌤과 살짝 불편함이 있었다. 양로원 일정을 출발 전에 말씀하신 게 아니라 순례 첫날 출발한 차에서 핑동 屛東을 가는 길에 근처(차오주 潮州)니까 가자고 하셨고, 경로와 큰 차이가 없다면 상관없다고 동의했다. 그러나 그렇게 목적지를 설정하고 태풍을 뒤에 두고 오는 과정에서 레이 샤오지에, 차오주에 가자고 하시는데… 나는 당최 뭔 소리인지 이해가 안 됐다. "뭐라고요?, 어디요?, 누구요?"라고 되물으니 몇 번이나 말했는데 왜 모르냐는 짜증 + 답답하다는 말투로 말씀하신다. 결국 나 역시 욱해서 "쌤, 이건 쌤의 동창회, 지인 방문 순례가 아니에요. 그리고 난 대만 사람이 아니라서 중국어 이름, 지역명, 방향이 익숙하지 않으면 잘 몰라요."라고 뱉어냈다.

왜냐하면 양쌤은 출발 첫날, 위에서 말한 양로원과 타이난 台南 친구를 만나자고 요청했고, 일정에 지장이 없으면 괜찮다고 했다. 그래서 둘째 날이었던 어제는 타이난 台南 일정에서 만날 동창 및 오늘 핑동 屏東 일정에서 만나러 가는 레이 샤오지에 등의 위치와 약속 시간을 잡기 위해 누군가와 핸드폰 메세지를 주고 받으셨다. 그때마다 시간 및 날짜 등을 내게 묻는데, 약속된 일정도 아니고 가야 할 이유도 모르는 내가 적극 동의를 안 하면 타이밍도 절묘하게 무슨 샤오지에 小姐를 핑계로 짜증을 내셨다. 중국어에서 샤오지에 小姐는 일반적인 성인 여자를 뜻하는데, 알고 보니 핸드폰 열 때마다 악성 바이러스로 스팸 및 성인물 등의 광고하는 여성들에게 하신 불쾌함인데, 그런 소리를 자꾸 들어온 내 시점에서는 유쾌하지 않고, 어떤 여성을 말씀하시는지 헷갈렸다. 그래서 레이 샤오지에 雷小姐는 '레이'라는 성씨의 여성으로 이미 설명하셨던 독일 국적으로 양쌤의 어릴 적 선생님이니까 레이 샤오지에보다 독일쌤이라고 하면 나에게 쉽게 인식된다고 설명해 드렸다.

차오주 潮州 역시, 핑동현 屏東縣에 속하는 동네로 이미 동의했으니 알아 듣기 쉽게 핑동 양로원이라고 하면 좋은데, 차오주이거나 효애인

애의 집을 중국어로 하시니 내 데이터에 없는 단어들이라 생소하고, '어딜 또 갑자기 일정 추가를 하시나?'라는 생각에 나 역시 짜증 섞어 대꾸할 수밖에 없었다. 이렇게 급냉각된 침묵 속에, 양로원에 도착했고, 방문자 신청하고 면역력이 약하신 노약자분들의 장소이기 때문에 마스크를 착용하고 타이동 台東에서 사 온 특산물 '석가 釋迦'라는 과일을 들고 대기실에 기다린다. 부처님의 곱슬머리와 닮았다고 해서 '석가 釋迦'라고 하며, 개인적으로 대만 과일 중에 가장 강추한다. 처음 먹었을 때의 그 달콤함에 바로 외웠던 단어이자, 과일 이름이다.

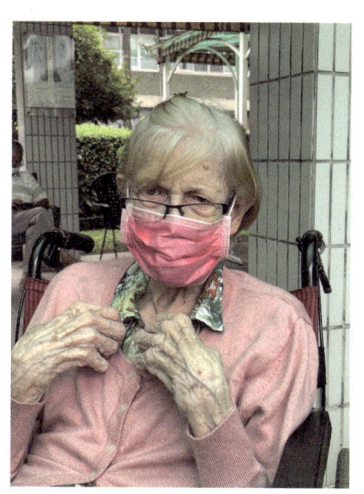

멀리서 요양 보호사와 함께 휠체어 한 대가 온다. 고운 빛깔의 연분홍 카디건에 깔 맞춤한 핫핑크 마스크를 하고 오셨다. 간단한 인사 뒤에 두 분만의 시간을 위해 옆에서 묵묵히 바라본다. 레이 샤오지에 雷小姐는 중국 선교에 큰 업적을 남기신 벨기에 출신 뱅상 레브 Vincent Lebbe 신부님의 국제 평신도 사회봉사 단체(한국에서는 아피AFI 전진상) 소속으로 중국에서 대만으로 와서 신주 新竹에 정착했다. 그리고 1962년 아피 AFI를 탈퇴하고, 레이쌤(Helene Reichl 雷蕙琅)은 용천 교의 전례 연구 중심 학교(永泉教義禮儀研究中心)를 설립하고 교사와 학생이 함께 숙식하며 공동체 생활하면서 가톨릭 전례 연구와 교육을 실천했다. 18살의 양쌤은 이곳 학생이 되었고, 졸업하고 거의 40년 만의 재회다. 레이쌤의 기분이 어떨까? 자신을 봉헌해서 뿌린 씨앗이 잘 쓰였고, 곧 퇴직을 앞두고 있다.

손 거죽보다 혈관이 더 두꺼워 보이는 레이쌤의 손을 보니, 대만 가톨릭과 주님을 위해 헌신하신 열정과 수고가 느껴진다. 그 위대한 모습에 칭찬을 드리면 유머와 겸손으로 "난 바보예요! 그냥 한 거예요."라고 말씀하신다. 그 마음을 닮은 듯 실크처럼 고운 은발이 바람에 찰랑거리고, 힘 있는 목소리지만, 말씀은 소녀처럼 수줍다. 양쌤이 출판 계획을 말씀드렸더니 대단히 기뻐하셨다. 나에겐 부담이지만 서둘러 준비해야 할 이유가 생겼다. 너무도 유창하신 중국어 실력에 모국어인 독일어를 잊어 버리신 건 아니냐고 내가 농담으로 "당케 Danke", "이히 리베 디히 Ich libe Dich"라고 말했더니, 콕 집어 발음을 교정해 주셨다. 역시 양쌤에게 들은 대로 엄격한 선생님이시다.

아쉽게도 허락된 시간이 되어 서둘러 아쉬운 인사를 하는데, 하시는 말씀이 "담에는 아마 땅속에서 인사할 거 같아요!"라고 웃으시는데 부정의 답이 나오지 못했다. 드디어 요양 보호사가 왔고 휠체어가 방향을 틀기 전에 마스크를 벗어 듬성한 치아를 드러내며 웃는 얼굴을 보여주셨다. 그 뒷모습을 배웅하는데 유리문을 통해 우리를 계속 보고 계셨는지 문이 열리자, 왼손을 들어 올려 손 인사를 해주시는데 어느 멋진 영화의 감동적인 엔딩 장면처럼 계속 기억될 것이다.

오면서 냉랭했던 우리 둘의 상황이 너무도 부끄러웠고, 차가웠던 마음은 언제 그랬냐는 듯이 어느새 따뜻해져 있었다. 어쩌면 양쌤과 지인들이 만나실 마지막 기회일지도 모른다는 생각에 연락하셨던 분들과 약속을 잡으시라고 했다. 차로 5분 정도 이동해서 대만의 족발 거리로 가서 원조집, 임가네 林家에서 야무지게 족발 하나를 뜯고 남은 것은 포장했다. 이 집 족발은 내가 맛나게 먹는 대만 음식 TOP 5로, 돼지 냄새가 없고 마늘 양념 소스를 찍어 먹기에 한국 사람 입맛에 착착 붙어서 소주를 부르는 맛이다.

▲ 완진 성모 성전 주차장 조형물.

▲ 마을 노을 풍경.

다시 순례자의 모드로 10분 정도 와서 **3. 완진** 萬金 **'성모 성전** 聖母聖殿**'**에 도착했다. 이곳을 처음 왔던 2022년 8월 12일은 나 홀로 순례 6일 차였고, 거리와 시간상 쉽게 올 수 없었기에 많이 기대하면서 벼르고 별러서 왔던 것이다. 그 마음을 아셨을까? 간절함에 부흥하듯 성당을 보자마자 감동이었다. 홀린 듯이 성당으로 들어가면 그레고리안 성가가 감동을 증폭시키며 청각적 평화를 주었다. 그리고 성당을 나오니까 기가 막힌 노을이 펼쳐져서 아름다움에 취하여 첫눈 밟는 강아지처럼 날뛰듯 포토존을 찾아 작은 마을을 삽시간에 뛰어다녔다.

이 마을은 성모님의 따뜻함이 느껴진다. 다시 말하자면, 대만의 곳곳을 많이 다녀 봤지만 언제, 어디서나 가장 쉽게 볼 수 있는 것이 민간신앙, 도교, 불교 등의 사당, 사원으로 정부에 등록된 것만 전국에 대략 3,000개가 넘는다. 그리고 대부분의 가정집에는 집안 조상의 위패, 사무실에서는 관우신 등을 모셔 놓는 생활 밀착형 종교 문화이다. 그런데 여기 완진 萬金은 성당을 중심으로 마을 곳곳에서 가톨릭 성상 聖像과 벽화 등을 만날 수 있고, 힐긋 창문을 통해서 봐도 집 안에 십자가와 성모마리아 상이 쉽게 발견된다. 느낌에는 90%가 가톨릭 신자로 구성된 것 같았는데 나중에 알아보니 6~70%로 줄었고, 민간신앙의 신자가 늘어났다고 한다. 아무튼, 이런 이유로 가시적 편안함과 대자연의 포근함에 모처럼 숙면했고 정말 개운했다. 딱히 수면장애가 있는 것은 아니지만 언젠가부터 찌뿌둥함 없이 일어나는 날들이 많지 않다. 특히 타지, 타국 생활을 하는 이방인에게는 모든 공간과 시간이 긴장의 연속이며, 숙면이나 수면의 상쾌함은 사치품이 된 지 오래다.

북위 23.5도의 북회귀선을 기준으로 대만 남부 지역은 열대기후임에도 불구하고 완진 萬金은 덥지 않았고, 새벽에 일어났을 때 깨끗한 공기를 마시며 만난 일출도 일품이었다. 성지 聖地 옆에 위치한 수도원의 아침 7시 미사에 참여했을 때, 그저 조금 특이한 실내 구조라고 생각한 성당에서 20여 명의 신자들과 입당송 등을 부르는데 조금 과장해서 천사들의 노래 같았다. 너무 아름다운 목소리들이 가늘고 조용하지만, 후미진 맨 끝자리에 앉은 나에게까지 잘 울려 퍼지기에 성가 CD를 반주처럼 틀어 놓은 줄 알았다. 그러나 성체를 모시러 나왔다가 보이지 않았던 오른쪽의 공간에서 모든 의문이 풀렸다. 이곳은 바로 도미니코 봉쇄 수녀회였다. 봉쇄 수도회를 처음 본 나에게 창살 같은 철문으로 공간을 분리한 풍경은 적잖은 충격이었다.

"아내에 대한 남편의 처지가 그러하다면 혼인하지 않는 것이 좋겠습니다."하고 말하였다. 예수님께서 그들에게 이르셨다.
"모든 사람이 이 말을 받아들일 수 있는 것은 아니다. 허락된 이들만 받아들일 수 있다."

- 마태오 19장. 10-11절

미사의 복음처럼 하늘나라를 위해 성직자의 길을 선택하셨고, 허락되신 이분들의 봉헌과 순도 100% 기도가 세상의 평화를 만들어 주는 것은 아닐까? 묵상했었다. 그리고 세상의 모든 수도자를 위하여 감사와 응원의 기도드렸다.

세 번째 방문한 오늘의 나는 어느새 직업병이 발동하여 성지의 곳곳을 양쌤에게 설명하면서 어슬렁어슬렁 보충 컷만 찍었다.

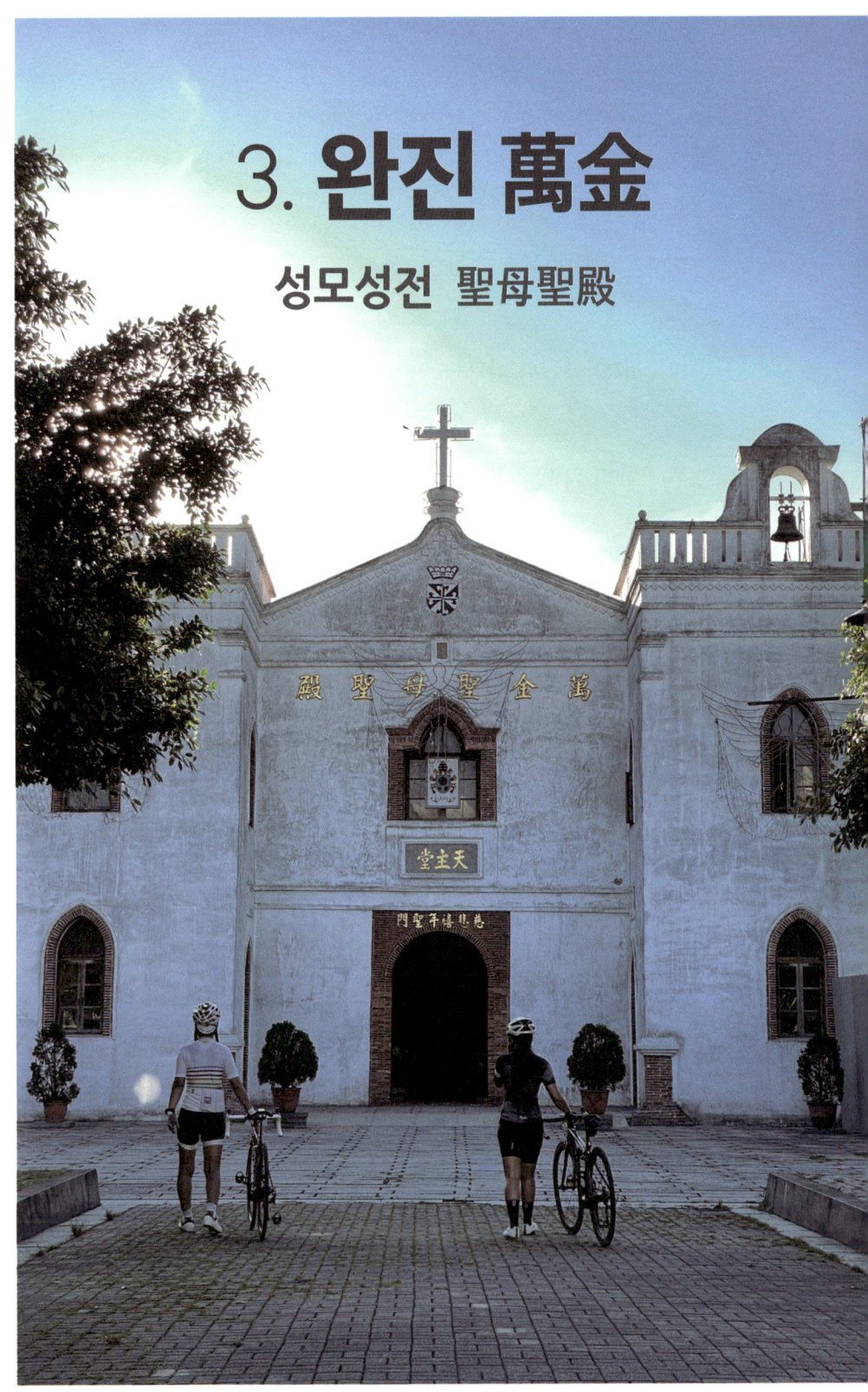

3. 완진 萬金
성모성전 聖母聖殿

핑둥 屛東 "완진 성모성전 萬金聖母聖殿"은 스페인 도미니코 수도회의 궈더강(郭德剛, Fr. Fernando Sainz) 신부님이 톈진조약에 의해 1859년 5월 15일 중국에서 대만으로 넘어와 지금의 가오슝에서 선교사로 활동하시면서 1861년부터 핑둥으로 핑푸족 平埔族 선교를 위해 가오슝에서 걸어 오시면서 지금의 교회가 탄생하였다.

1863년 초기에는 흙벽돌로 지은 작은 교회 : 초방성당 草房聖堂으로 시작했으나 1865년 남부 대지진으로 파괴되어 당시 본당신부님였던 량방지(良方濟, Fr. Francisco Herce) 신부님과 신자들의 도움으로 임야를 구매하고 중국 푸젠성의 푸저우(福州)와 시아먼(廈門)에서 시멘트와 목공들을 초청해 1869년 10월 공사를 시작하고 스페인의 요새식 건축 양식으로 1870년 12월 8일 '원죄 없으신 성모마리아'로 봉헌식을 거행했다. 당시 1874년 청나라 황실에서 국가 주도의 근대화 정책이었던 '양무운동 洋務運動'의 중요 인물이었던 심보정 沈葆楨을 특사로 파견

하여 포교, 선교를 지원하기 위해 동치제 同治帝가 하사한 봉지「奉旨」와 천주당「天主堂」이라는 석패를 교회 정면에 상감하였다.

그리고 1984년 교황 요한 바오로 2세에 의해 가톨릭 성지로 지정되어 지금의 "완진 성모 성전"으로 승격되었고, 대만 지방자치단체가 관리하는 사적 3급지로 관리되고 있다. 물론 1999년 보수 공사를 시작하여 2001년에 지금의 형태를 하고 있다. 벽의 색상이 백색이라 습기가 많은 대만의 날씨를 고려하여 여러 차례 다양한 재료로 덧칠 작업을 하였으나 원래 공법이었던 회백 칠이 가장 적합했다. 십자가상과 성모마리아상은 초기의 것을 그대로 사용하고 있지만 성지로 지정되면서 측면에 계셨던 성모마리아상을 제단 중앙으로 모시고, 중화풍의 구조물을 제작했다. 원래 받침으로 사용했던 꽃무늬 주두는 지금의 성체함을 모심으로써 동서양의 조화를 느낄 수 있다.

성당 정면에서 오른쪽 종탑은 일제 강점기에 무너졌으나 1945년 전쟁 후에 고딕 첨탑 형식으로 복원했다. 지금은 천장 누수로 우측 벽을

전면 수리하고 있다. 종루에 있는 종은 1892년 스페인에서 제작하여 해상으로 필리핀을 거쳐 가오슝으로 들어와 운반되었다. 따라서 종에는 'MR JULIUS MANN-IOH ALAY DEB K.CH 1892' 글자가 각인 되어 있다고 한다.

우선 우측 문을 통해 들어가면 소박한 개방형 고해성사를 볼 수 있는 의자와 칸막이가 있고, 3면의 벽에 역사 관련 자료가 전시되어 있고, 성모마리아님이 화려한 마차에 단아하면서 우아하게 모셔져 있다. 1876년, 고딕양식으로 스페인에서 제작된 가마는 상단에 스페인 황실 문양이 새겨져 있고, 성모마리아상은 1870년에 역시 스페인에서 제작해서 봉헌되었으나 아쉽게도 2016년 여름, 30대 남성의 방화로 인해 검게 타버렸다. 그래서 가마는 복원하였고, 성모마리아상은 새로 제작되었다. 모셔진 성모마리아상은 1854년 교황 비오 9세가 선포한 '원죄없이 잉태되신 동정 마리아' 대축일 (12월 8일)에 맞춰, 매년 12월 둘째 주일에 약 15km 도보순례 행사를 진행한다. 이것은 대만 민간신앙의 행

사 중에 라오징 遶境이라는 행사가 가톨릭과 결합하여 전통문화로 토착되었고, 이 본당의 특색이 되었다. 따라서 참여한다면, 이색적인 대만 가톨릭을 체험할 수 있다. 도보로 코스가 그다지 길지 않고 평탄한 평지 마을이기에 그리 어렵지 않다. 대신 많은 인파와 도교+민간신앙의 환영 방식인 폭죽 터트리는 풍습이 있으니 놀라지 말고 정신없어도 소음을 즐길 줄 알아야 한다.

정해진 공식 행사의 일정으로는 7시부터 참가 신청자 도착 보고를 하고 성모님께 헌화한다. 신청 접수와 상관없이 현장에서 직접 참여도 가능하다. 물론 비신자, 남녀노소 누구에게나 열린 행사이다. 성지 곳곳에 계신 신부님을 찾아가 어디서든 고해성사할 수도 있고, 오전 10시부터 12시까지는 기념 미사를 드린다. 이후에 점심 식사하고 오후 1시부터 성지 밖으로 나가서 3까지 도보순례를 마치고 다시 성지로 돌아와 성체조배를 한 시간하고 주교님의 강복을 받고 질서 있게 해산이다.

주보 성인 : 원죄 없으신 성모 마리아
주소 : 屏東縣萬巒鄉萬金村萬興路24號　전화 : 08-783-2005
교통편 TIP : 핑동屏東 차오주潮州 기차역에서 택시 (NT600+)
주일 미사 : 토 20:00 / 일 09:00
평일 미사 : 20:00 (台語) ㅣ 봉쇄수도회 07:00
https://www.catholic-kh.org/map-pt-b

▲ 2022.12.11 AM 6:25 순례객을 맞이하시는 파티마 성모.

▲ 코로나 이후로 첫 개최 - 각 교구 및 전국에서 모여든 신자와 순례자.

▲ 본당 남성 신자들로 구성된 가마꾼팀이 교대하면서 행진한다.

다시 대략 20분 운전을 해서 오늘의 목적지 **4. 지아핑** 佳平 '**파티마 성모 성지** 法蒂瑪聖母聖地'에 도착했다. 이렇게 가까운 곳을 예전에는 정보를 몰라서 못 왔고 설령 알았어도 뚜벅이라 올 생각을 못 했을 것이다. 어디나 그렇겠지만 지방 쪽은 대중교통이 좀 불편하다. 암튼 도착해서 숙소부터 안내를 받는데 1, 2층으로 거실과 주방이 있는 펜션 스타일이라서 깜짝 놀랐다. 아쉬운 것은 1층 더블 침대, 아니면 2층 통포 通鋪라고 바닥에 삼단 메트리스 깔고 자는 군대 내무반 방식이다. 이틀을 한방에서 같이 지내며 서로의 온도와 취침, 기상 시간 등이 달라 각방을 써야겠다고 생각했는데… 심지어 침대를 같이 써야 한다고?? 아… 어려운 고민이다. 멀쩡한 1층 방을 두고 2층에서 같이 고생할 필요는 없다. 그렇다고 겁 많은 내가 2층에서 혼자 잘 용기도 없다. 결국 미안하게도 1층에서 같이 고생하는 방법을 선택할 수밖에…

그리고 성당 사무실로 가서 성지 방문에 대해 문의하려는데 역시 살아있는 대만 가톨릭의 역사책인 양쌤이 후배를 만났다. 이곳 7개 부락에서 20년 동안 선교 활동을 해 왔다고 한다. 기꺼이 귀한 시간을 내주시며 성당 소개를 제대로 받았다. 도로 사이에 두고 신축된 성당에 옛 성당에서 유일하게 가져온 것은 성체함이라고 한다. 파티마 성모 발현 100주년을 기념하여 2018년 10월 13일 축성 미사를 진행할 때 신자들을 대표한 멋진 고등학교 남학생이 파이완 排灣族 부족의 가장 중요한 전통 예복을 입고 천천히 걸어서 입장, 신자들의 노랫소리는 더욱 우렁차게 울려 퍼지며 제대 위에 봉헌되는 스토리를 너무 생생하게 말씀해 주셔서 현장에 있는 듯 눈물이 날뻔했다. 거의 한 시간 정도의 열띤 설명을 뒤로 하고 남은 업무를 보러 가셨다.

 마땅한 자리를 찾아 침묵으로 들어간다. 마침, 천장에 계신 십자가 수난의 예수님이 온 힘을 다해 손에 박힌 못을 꽉 쥐고 버티는 듯한 팔뚝의 힘줄이 너무도 선명하게 눈에 들어왔다. 지금까지 본 십자가의 모습 중에 가장 인체 해부학적 표현이지 않나 싶다. 과연 고통 속에서도 놓지 않고 싶으신 것이 무엇일까? 사랑하시는 우리 모두겠지… 특히 당신의 자녀로 오지 않는 이들을 위해, 도망가려는 이들을 위해, 아마도 예수님은 십자가의 고통보다 당신 없이 살아가려는 오만한 우리를 내려다보시며 더 아파하시는 것은 아닐까?? 그렇게 오늘은 독일 레이쌤의 손을 시작으로 파티마 성당 예수님의 손으로 끝났다. 우연의 일치지만 알고 보니 이곳의 지형은 오목한 손의 형태라고 한다. 무언가를 담을 수 있는 손, 포근하게 감싸거나 보듬어 주는 손!

 성당을 나와 양쌤은 숙소로, 나는 부슬비를 맞으며 마을 산책에 나섰다. 어쩌면 오늘 저녁을 어디서, 뭘 먹는 게 좋을지 메뉴 탐색이다. 마

▲ 지아핑 佳平 부락의 지형을 닮은 손바닥 조형물.

을 중앙의 정자를 중심으로 관공서와 보건소, 도서관 등의 행정조직이 있고, 맞은편에 초, 중학교, 마을 꼭대기에 소방서가 있다. 더 가고 싶었지만 역시 길가의 멍멍이로 발길을 돌렸다.

간단한 빨래와 샤워를 하고, 워낙 작은 마을이라 큰 고민 없이 봐 두었던 작은 식당에 앉아 볶음밥과 감자튀김을 곁들여 맥주 한 잔을 기울이며 수다와 일정을 체크했다.

그리고 양쌤은 취침, 에어컨이 싫은 나는 거실에서 영수증 등을 정리하며, 끄적거리다 좁은 의자에 누워 허리를 펴본다. 그대로 잠들면 좋았겠지만, 이놈의 태풍(사올라)이 두드리는 요란한 창문 소리와 써늘한 한기 때문에 어쩔 수 없이 방으로 들어갔다.

▲ 옛성낭에서 모셔온 '승리의 어린양' 성체함.

4. 지아핑 佳平

파티마 성모 성지 法蒂瑪聖母聖地

핑동현 屛東縣 지아핑 佳平이라는 지역은 대만의 16개 원주민 중에 파이완족 排灣族의 작은 부락이다. 이 부락의 지아핑 佳平이라는 지명은 부족의 언어로 카비얀간 「kaviyangan」이라 하고 「손바닥」이라는 의미이다. 그래서 지도에서 보면 부락의 면적이 오른손으로 오목하게 부락을 감싸고 있는 형태이고, 마을 입구에 상징하는 조형물이 설치되어 있다. 이는 성당 안의 제단을 받치고 있는 주춧돌과 성모마리아상을 받치고 있는 나무 기둥에서도 확인 할 수 있다.

많은 원주민이 그러하듯 역사상 중국에서 한족의 이주로 한번, 일본 식민지로 또 한 번, 국민당 정부에 의해 한 번 더 이주해서 지금의 자리에 정착했다. 그리고 1949년 당시 부족의 두목이었던 리우춘메이(劉春美 maljeveljev zingrur : 부족어 maljeveljev 영세, 세례받다, zingrur 성 姓)가 원주민 최초로 가톨릭 세례를 받으면서 1953년, 자신의 땅에 모금을 통해 대만 산지에 첫 번째 성당을 지었다. 그리고 지아핑 佳平 부락의 세례를 시작으로 주변의 7개 파이완족 排灣族 부락은 물론 다른 원주민들도 가톨릭으로 개종하게 되었다. 그래서 성당 입구의 조형물과 뒷면 일곱 개의 십자가는 일곱 개 부락의 화합을 의미하는 것이다.

1953년에 지어진 성당이 60주년을 맞이했을 때 가오슝 高雄 교구로부터 성지로 승격되고, 지금 자리에 루카이족 魯凱族 출신의 두용슝 杜勇雄 신부님이 설계에 참여하여 2018년 10월에 축성되었다. 26세에 신부님이 된 두 杜 신부님은 수사 修士 때부터 고향의 성당 보수 작업을 시작으로 지아핑 佳平 "파티마 성모 성지 法蒂瑪聖母聖地"가 12번째 작품이다. 설계한 모든 곳이 각 부족의 전통과 재료를 잘 활용하여 원주민풍의 독특함과 성경 및 가톨릭 문화의 결합을 조화롭게 연출하는 것이 특징이다. 또한 제단 옆의 목조 기둥의 4대 천사(미카엘, 가브리에, 라구엘, 우리엘) 조각은 두 杜 신부님이 4개월 동안 직접 깎은 것이다.

　성당 입구에 세워진 오른쪽 무리탄 Mulitan 기둥은 두목의 집안 중앙에 놓이는 파이완족 排灣族 영혼의 기둥으로 대만 국보로 지정된 문화이다. 오른쪽 뭐케케이 Muakaikai 기둥은 집안의 수호신이다. 성모마리아상의 모자는 깃털과 구슬로 장식한 수공예 작품으로 부족 최고의 권위를 뜻한다. 파이완족 排灣族에게 유리구슬은 복을 주고, 재난을 막아주는 초자연적인 힘을 가지고 있는 '구슬신=하느님'을 의미한다. 따라서 보물적 가치로 결혼 선물이자 가보이다. 제사 도구로 쓰이며 권력의 상징이기에 귀족만 할 수 있었다.

참고로 이곳에서 파이완족 排灣族 대표 가수인 아바오 阿爆 〈Thank You〉라는 노래의 뮤직비디오가 촬영되어 유명세를 얻었다. 이 노래는 2020년 제31회 대만 골든 멜로디 어워드에서 대상을 받았기에 부족과 성당에 큰 기쁨을 주었다.

주보 성인 : 파티마 성모
주소 : 屏東縣泰武鄉佳平巷3號 | 전화 : 08-783-1860
주일 미사 : 일요일 07:30 (國, 排灣族語)
평일 미사 : 1층 소성당 월 ~ 금요일 07:00
https://www.catholic-kh.org/map-pt-b

| 날 짜 : 2023. 08. 31 (목) | 날씨 : 크게 개의치 않을 정도의 비 |

아침 7시 미사에 참여했다. 아기자기하고 심플한 소성당에 참가자 7-8명의 어르신과 미사를 마치고 인사를 나누던 중에 이 구역 삼총사 포스의 자매님들이 아침 식사를 초대하셨다. 대만의 아침밥 메뉴로 가장 보편적인 샌드위치와 홍차를 주문했고, "한국 사람 입맛에 맞을 거야"라며 직접 만드신 파이완족 排灣族의 빈대떡을 권하셔서 먹었는데 정말 소박한 외할머니의 맛이어서 어쩌다 내가 다 먹었다. 시골 인심과 원주민 특유의 흥과 훈훈함으로 수다가 쉴 틈이 없다. 아쉬움을 뒤로 하고 자리를 뜨는데, "기도 중에 만나요."라는 인사말에 또 한 번 감동했다. 우리가 기도 중에 만나 같은 지향으로 기도하면 기적이 생기는 거겠지…. 삼총사 자매님들 덕분에 우리 둘의 분위기도 한결 따스워졌고, 우리의 배가 부른 만큼 수고가 많은 자동차에도 든든하게 주유했다. 금액은 NT 1,000으로 약 80%가 채워지는데 양쌤이 관리를 잘하셔서 그런지 출발 전 가득 채운 것으로 지금까지 대략 450km를 달려왔으니, 연비가 참 좋다.

한 시간 정도 운전해서 대만 가톨릭의 시작인 **5. 가오슝** 高雄 '**로사리오 성모 성전** 玫瑰聖母聖殿'에 도착했다.

◀ 파이완족의 빈대떡.

5. 가오슝 高雄
로사리오 성모 성전 玫瑰聖母聖殿

2020년 8월 6일, 자전거 일주 4일 차로 한참 힘들고 지쳤을 때 지독한 땀내를 풍기며 방문했었다. 당시 대만에서 보지 못했던 고딕 양식의 첨탑과 층고가 시원하게 높은 실내, 다채로운 스테인드글라스, 아치형 회랑 기둥을 따라 홀린 듯 걷다 보니 발걸음은 어느새 거룩한 제단 앞에 멈췄다.

오늘은 가는 날이 장날이라고 본당 신자 20여 명이 내부 청소를 하고 계셨다. 청소가 끝나기를 기다리고 성당 사진을 찍으려고 하니 누군가 오셔서 촬영 금지란다. "왜요?" 허락을 받고 찍어야 한다고 한다. 성당 사무실에 가서 문의를 하니 그렇다고 한다. 사정을 이야기하고 우선 먼 길을 왔으니 찍고 사용하게 되면 그때 다시 이야기 하자고 하고 우선 서둘러 촬영했다. 마침, 또 성당 안에 기도하시던 바오로딸 수녀님과 양쌤이 반가운 대화 속에 인사를 나누며 출판에 대한 이야기도 하셨다. 기쁜 소식이라면서 원고가 준비되면 편집자를 연결해 주시겠다고 하셨다. 한편으로는 또 부담이다.

"우리의 하느님 앞에서 누리는 이 기쁨을 두고, 하느님께 어떻게 감사를 드려야 하겠습니까?" - 1 테살로니카 3장 9절

오늘의 독서처럼 내가 주님께 드릴 수 있는 감사이길 바라는 마음을 담아 기도드린다.

가오슝이라는 지명은 원래 마카다오 馬卡道族 부족이 해적을 방어하기 위해 설치한 '대나무 숲 takau(원주민 언어로 타카우)'라고 불렸던 단어를 한인 漢人들이 음역한 한자가 打狗(dagou, 개 때리다)였다. 이 한자의 일본식 발음이 '타카오 TAKAO'였고, 그 발음의 한자 高雄을 중국어 발음으로 해서 지금의 가오슝 Kaohsiung이라는 지명을 사용하게 됐다. 1979년 직할시로 승격되어 대만 제2의 도시로 대만 수출입의 60% 이상을 담당하고 철강, 조선, 석유 산업의 공업도시였으나, 지금은 관광, 문화 사업의 활성화로 인하여 해양관광도시로 영역을 확대하고 있다. 한국의 부산과 흡사한 모습으로 1966년 두 도시 간에 자매결연을 하여 직항 노선이 있어 활발한 교류를 하고 있다.

대만의 가톨릭이 본격적으로 시작된 것은 중국에 파견되었던 스페인 국적의 도미니코 수도회의 궈더강(郭德剛 Fernando Sainz)과 홍바오루(洪保祿 Angel Bofurull) 두 신부님이 1859년 5월 15일 가오슝 高雄으로 오고부터이다. 다른 3명의 선교사와 1명의 수사를 포함해 중국 샤먼 廈門에서 출발하여 1859년 5월 18일에 도착했다. 이날을 기준으

로 대만 가톨릭의 시작이라고 한다.

홍 洪 신부님은 병환으로 다시 샤먼 廈門으로 돌아갔고, 궈 郭 신부님은 작은 주택을 임대해서 1859년 6월 12일 첫 미사를 시작했고, 1859년 지금의 자리에 작은 성당을 짓고 "모퉁이 돌"이라 했다가 "성모마리아 성당"으로 명칭을 변경했다. 신자가 증가하여 더 많은 신자를 수용하기 위한 성당을 신축하여 지금의 모습으로 1863년 5월 24일 '로사리오 성모 성당'으로 축성됐다.

훗날 1874년 청나라 동치 同治 황제로부터 선교에 대한 자유를 인정받아 황제의 뜻이라는 「奉旨」와 「天主堂」이라는 석판을 받았다. (3-완진 萬金 / 5-가오슝 高雄) 시간이 흘러 1931년 도미니코 수도회의 리안스 李安斯 신부님이 로마네스크Romanesque 양식으로 설계하여 첨탑과 아치형의 문과 회랑의 형태로 신축되었다. 그리고 1961년 3월 21일 로마 교황청으로부터 가오슝 高雄 교구로 승격되면서 천티엔샹 陳天祥 신부님을 초대 주교로 임명하고 주교좌 성당으로 지정됐다. 1995년 5월 22일에는 성당 聖堂 Church에서 성전 聖殿 Basilica으로 승격되어 성지 聖地가 되었다.

주보 성인 : 로사리오 성모
주소 : 高雄市五福三路151號
전화 : 07-221-4434
주일 미사 : 토요일 20:00(台語)
　　　　　　일요일 06:00(台語) 10:00/16:00(國語). 11:00(英語)
평일 미사 : 월~금 06:30
https://www.catholic-kh.org/map-kh-d

　시동을 걸고 이제부터 북쪽으로 향한다. 근처에 있는 **6. 쥐잉** 左營 **'성녀 소화 데레사 성지** 聖女小德蘭朝聖地'로 이동했다. 2016년 한국어 과외를 하면서 알게 된 대만 친구(KAKI)와 2021년 1월에 내 자전거를 가지고 가오슝 高雄과 소류구 小琉球 여행을 왔다가 주일 미사를 위해 검색했던 곳이다. 당시만 해도 성지에 관심이 없었고, 대만 친구는 가톨릭 신자가 아니라서 들렀을 뿐인데, 친구가 "언제 또 오겠어? 원하는 대로 해~"라며 나의 유별남을 질책하지 않고, 내 키보다 훨씬 큰 소화 데레사를 보고 반가워하는 나를 위해 인증샷을 찍어줬었다. 이렇듯 운수 좋은 날같이 내가 하고 싶은 대로 순조롭게 되는 모든 것들이 알고 보면 누군가의 배려와 수고, 희생으로 만들어진다는 것을 미안하게도 곧 50을 바라보고 있는 지금에서야 알게 되었다. 너무 늦은 감이 있지만, 소화 데레사 성녀가 눈에 띄지 않는 궂은일을 자처해서 하셨던 것처럼 나 역시 남을 배려하는 일들을 찾아서 습관으로 만들어 성녀를 닮아 가고자 노력하고 있다.

6. 줘잉 左營

성녀 소화 데레사 성지
聖女小德蘭朝聖地

1932년 스페인 국적의 리안스 李安斯(Rev. Elias Fernandez, o.p.) 도미니코 수도회 신부님이 방 두 개를 임대하고 개조하여 '가톨릭 설교소 天主教說教所'를 설립해서 가오슝 高雄 로사리오 성당의 분소 역할로 시작했다. 리 李 신부님은 24세에 서품받고 대만으로 파견되어 타이난 台南에서 선교를 시작했고, 11년 동안 가오슝 高雄 본당을 맡아 로사리오 성전과 남부에 있는 낙인 樂仁 병원까지 직접 설계했다.

　우여곡절 끝에 1944년 지금의 빈 땅을 기증받아 목조 구조의 '아기 예수의 성녀 데레사 聖女嬰孩耶穌德勒撒堂' 성당이 세워졌다. 1957년 2월 3일에 지금의 모습으로 완공되어 '성녀 소화 데레사 聖女小德蘭堂' 성당으로 축성되었다. 그 뒤 1976년 성 바오로 6세 교황으로부터 강복장 降福狀을 받고, 같은 해 10월 3일 성녀 데레사 성상 聖像이 축성되고 성지 聖地로 지정되었다. 2020년 9월 15일 바티칸 내사원으로부터 전대사 全大赦 은총이 허락되었다.

주보 성인 : 성녀 소화 데레사
주소 : 高雄市左營區部後街3號 | 전화 : 07-581-3296
주일 미사 : 토 19:30 | 일요일 08:30, 19:30(台語)
https://therese.catholic.org.tw/

한 시간 정도 이동해서 **타이난** 台南 **주교좌 성당인 7. '중화 성모 성지** 中華聖母聖地'에 주차하고 성당 입구에 와보니 너무도 반가운 라이시아오충 賴孝忠 신부님이 계셨다. 나의 보인대학교 천주교학과의 교수님이셨고, 올해 타이난 교구의 부교구장으로 부임돼 업무차 오신 듯하다. 이분의 지식, 언변, 유머는 너무 하이클래스라 나의 짧은 중국어 실력으로는 많이 이해하지 못하는 게 늘 아쉽다. 그래서 대학원 수업에서 수강할 엄두를 못 내고 있다. 대만 가톨릭이 정말 좁다 보니 나 홀로 순례 때 내 소식이 라이 賴 신부님의 귀에 들어갔는지, 타이난 교구에서 꼴에 맞지 않는 환대를 받은 적이 있었다. 그래서 황송하게도 타이난 뤄지엔핑 羅建屛 본당 신부님이 직접 조리한 다섯 개의 차예단 茶葉蛋과 두 권의 참고서적과 묵주, 십자가까지 풍성한 선물을 주셨다. 차예단 茶葉蛋의 맛은 지금껏 먹어본 것 중에 최고의 맛이었다.

▲ 뤄지엔핑 羅建屛 신부님이 조리한 차예단. ▲ 뤄 羅 신부님의 선물.

양쌤이 약속하신 동창분이 오셨고, 라이 賴 신부님도 기다리시던 손님이 오셔서 다음을 기약했다. 나는 양쌤과 동창분이 대화를 나누는 동안 또 후다닥 보충 컷을 찍으며 타이난의 추억을 회상한다. 타이난이라는 지역이 그럴까? 아니면 이 중화 성모 성지가 그런 걸까? 이곳은 올 때마다 따뜻하고 푸근한 사람의 정과 인심을 만나는 곳이다. 그래서인지 훈훈함에 입꼬리가 저절로 올라가는 외갓집 같고, 많은 문학가들이 배출된 지역이라고 한다.

타이난 台南은 명나라(1662년) 때 파견된 정성공 陳成功이 네덜란드 세력과의 전쟁에서 승리했던 지역이다. 그래서 1654년 소종 昭宗 황제로부터 연평왕 延平王이라는 칭호를 받아 타이난을 중심으로 대만을 지켜왔다. 그래서 옛 도읍지로써의 멋을 유지하고 정성공 陳成功 = 연평왕 延平王에 대한 유적을 곳곳에서 볼 수 있다. 특히 중화 성모 성지 맞은편에 있는 연평군왕 延平郡王 사당은 정부의 지원을 받아 넓은 대지에 기념 사당과 영웅적인 조각상까지 조성되었다. 이를 통해 대만에서 도교와 가톨릭의 위상이 어떠한지 한눈에 비교된다.

우리는 아주 간단한 요기를 하고 서둘러 다음 장소로 이동해야 했다. 환도 일정에서 계획상으로는 오늘이 가장 많은 성지를 순례해야 한다. 출발 전에 3일 치 숙소는 예약했고 4일 차부터의 숙소는 출발하며 상황과 속도에 따라 진행하기로 했었다. 2022년 홀로 순례를 떠났을 때도 그렇게 했다가 첫날 숙소가 예상대로 안 돼서 기차역 관광안내센터에 문의해서 급하게 숙소를 구했었다. 양쌤도 다행히 우리가 노숙할 걱정은 안 하셨고, 럭셔리 숙소를 원하시는 것도 아니라 변주곡 같은 여정을 함께 출발할 수 있었다. 아무튼 그렇게 행운처럼 추천받아 예약된 숙소까지 부지런 떨며 이동한다.

▲ 연평군왕의 늠름한 조각상.

▲ 연평군왕의 사당.

7. 타이난 台南
중화 성모 성지 中華聖母朝聖地

　타이난 台南 교구의 초대 주교인 뤄광 羅光 신부님이 1961년 지금의 자리에 380평 대지를 구입하였고, 1963년 5월 31일 '중화 성모 성당 中華聖母堂'의 초석을 깔았다. 황후 느낌의 중화 성모에 걸맞게 건축양식은 중화풍의 궁전 스타일로 설계되었고, 건축물의 방향은 동에서 서를 보는 서양식 공간 형식을 적용해서 동서양의 조화를 엿볼 수 있다.

　건물 우측의 좁은 측문과 성세 醒世(세상을 깨우치다)라는 원형문을 설치하여 제대가 있는 신성한 공간과 사무, 행정, 교육 등등의 세속적인 공간을 분리하였다. 1964년 3월 19일 바티칸 대사로 파견된 까오리야오(高理耀, Giuseppe Caprio) 추기경님에 의해 축성되었고, 1974년 10월 27일 성지 聖地로 승인됐다.

성당 실내는 동양의 육각, 팔각 형태의 공간 구성과 중앙에 붉은색 4개의 기둥을 기준으로 제단의 높이를 올려 공간을 분리하면서 시선의 집중과 거룩함이 느껴지게 하였다. 천정보와 기둥 주두, 하중의 분산과 보강을 위한 익공 翼工의 단청이 화려함을 자랑하고 있다. 그 중앙 제단 벽에 독일 국적의 프란치스코 수도회, 러건(樂根, Friar Lucas Roettgen, OFM) 수사님이 중화 성모와 예수의 그림을 채석양감(彩石鑲嵌 : 다양한 색의 돌을 모자이크 방식으로 붙여서 표현하는 기법)으로 우아하고 세련된 이색적인 아름다움을 뽐내고 있다.

성당 우측에 있는 중화 성모상은 1976년 성공대학 成功大學의 마디엔페이 馬電飛 교수가 대만풍으로 조각했고, 위빈 于斌 추기경님이 축성하셨다.

주보 성인 : 중화 성모
주소 : 台南市中西區開山路195號 ㅣ 전화 : 06-213-9013
주일 미사 : 일 08:00 / 10:00
평일 미사 : 월~목, 토 07:00 / 월~토 19:30
https://tncath.catholic.org.tw/mobile/index.html

7. 타이난 71

8. '즐거움의 샘이신 성모 마리아 吾樂之緣聖母朝聖地' 성지가 있는 지역은 대만 망고의 고향인 위징 玉井이다. 아쉽게도 8월 말, 이미 망고가 끝나서 신선한 현지 망고의 맛을 느낄 수 없다. 성당 안에 주차하고 내리니까 작년에 무섭게 짖었던 멍멍이가 왠일로 짖지 않는다. 그때 성당의 어르신이 도와주셔서 겨우 들어왔었는데, 민망하게 따라다니며 '어서 와, 한국 사람 냄새는 처음이야~' 의미인지 킁킁대며 콧물을 묻혔다. 나중에 알았지만, 이 멍멍이는 그때의 냄새로 나를 기억 한단다. 그래서 이미 신선하지 않은 나의 냄새를 느끼고, 물러나서 하던 대로 성당 측문을 지키고 있었다. 나의 냄새가 작년과 올해 같다는 거구나… 사람의 냄새는 변하지 않나?? 냄새가 아니라 향기였으면 좋겠다.

어디에도 인기척이 없어서 문을 열고 들어갈까 말까 망설이고 있는데 멍멍이 녀석이 지키던 문 앞을 슬그머니 일어나 이동한다. 작년에 듣기로, 성지순례 오는 신자들의 기도를 잘 들어주시는 곳이라고 했었다. 그때는 다가올 대학원 생활에 대한 기도였고, 중간 정도의 성적을 받았으니, 기도가 충분히 이뤄졌다고 말하고 싶다. 오늘의 기도는… 이 순례에 대한 출판! 난 이 책이 나오면 책을 들고 30개 성지에 전달하며 감사의 순례를 할 거다.

"성모님 다음에는 책 들고 올게요~"

마당으로 다시 내려오니 공까오더 宮高德 신부님이 런닝 차림으로 계셨다. 토마스 아퀴나스의 『신학대전』을 중국어판으로 공동 집필하셨다고 양쌤이 극찬과 감사를 전하셨다.

8. 위징 玉井

즐거움의 샘이신 성모 마리아
吾樂之緣聖母朝聖地

지역 근처 장로교회의 목사가 가오슝 高雄 교구에 선교사를 요청하여 1959년 스페인 국적의 도미니코 수도회 소속의 위에즈위엔 岳峙淵 신부님을 파견하여 방 6개의 집을 빌려 큰 방에 제대를 놓고 시작하다가 1962년에 땅을 구입하여 신축했다. 당시 첫 번째 교우는 장로교 신자였다. 위에 岳 신부님의 갑작스러운 사망으로 공사가 중단되었으나 1961년 타이난 교구의 첫 번째 주교로 임명된 뤄광 羅光 주교에 의해 판지밍 范記明 설계사가 중화풍으로 변경한 디자인으로 다시 시작되었다. 따라서 건물의 원형 기둥과 익공 翼工, 종탑의 지붕이나 창문살 등에서 중화풍을 쉽게 확인할 수 있다.

뤄광 羅光 주교님은 이곳의 주보 성인으로 '기쁨의 샘 吾樂之緣(Causa Nostrae Laetitiae)이신 성모 마리아'로 정하고, 1962년 9월 8일 축성 미사로 타이난 台南 교구의 첫 번째 성지로 지정하여, 기도를 통해 모두 기쁨이 가득한 신앙생활을 하는 선교지가 되기를 희망하셨다. 사연인즉슨, 뤄 羅 주교님이 30년 로마 생활을 끝내고 대만으로 오실 때 활동하셨던 산 치리아코(San Ciriaco) 대성당의 봉사단체 신자들이 제단 오른쪽에 있는 성모 성화 聖畫를 봉헌했기 때문이다.

이 성모 성화는 13~14세기에 지어진 산 치리아코(San Ciriaco) 대성당에 있는 성화 聖畫로 1615년 바르톨리라는 베니스 출신의 선장이 물에 빠진 아들을 위해 기도하던 중에 성모님의 눈동자가 움직였고 그 뒤에 무사히 구조되어 감사의 뜻으로 37×45cm 크기의 성화를 기증하면서 유명해 지기 시작하였다. 이 그림을 제대 뒷쪽에 걸어서 모셨는데, 1706년 성모님의 움직이는 시선을 25차례나 감지한 사제들이 교황청에 보고하였고, 1796년 나폴레옹의 프랑스군이 이 성화를 약탈하려던 중에 눈동자의 움직임으로 도망쳤다고 한다. 그 뒤에도 성모님의 눈동자가 움직이면 기적이 일어나 1796년 11월 25일 빈첸죠 라우찌(Vincenzo Ranuzzi) 주교의 지시에 따라 조사했으나 인위적 조작은 없었다.

훗날 역사상 전쟁의 폭격과 지진 등으로 훼손된 성당을 복구하면서 지금의 성모 경당에 성화를 걸었다. 1800년 6월 21일 비오 12세 교황이 방문하여 천상모후의 왕관을 봉헌하는 예식을 거행하여 더 많은 이들의 주목을 받다보니 1936년 도난당했다가 한 달 뒤 길거리에 신문지에 싸인 채 발견되어 돌아왔다. 아쉽게도 그 뒤로 성모님의 눈동자 움직임은 사라졌지만, 성인의 유해 및 지하 묘지 등등의 역사적 중요함을 인정받아 1926년 바실리카 Basilica 성당으로 선포되어 여전히 많은 순례객이 찾고 있다.

위징 玉井이라는 지역은 사통팔달이 가능한 교통의 요충지이면서 자연환경이 좋아 '망고의 고향'이라고 불린다. 그래서 달달한 즐거움을 주는 망고라는 지역의 특성과 "즐거움의 샘이신 성모 마리아"는 아주 잘 어울리는 것 같다.

제대는 2002년에 부임된 이요한 李若望 신부님에 의해 2007년 리모델링되었다. 이 李 신부님은 태어난 지 3일 만에 가정 형편상 입양되어 초등학교 졸업 후 수도원에서 성장하면서 반항하고 폭력적인 문제아로 청소년기를 보냈다. 그리고 수도원 신부님들의 도움으로 회개하고 신부님이 되어 결손가정과 경제적 도움이 필요한 학생들을 위해 성당 앞에서 저렴한 가격으로 국수 涼麵를 팔면서 지역사회를 위한 많은 봉사 활동을 하셨다. 그래서 제단을 보면 좀 더 따뜻한 조명과 부활하신 예수 십자가상을 설치하고, 희생 제물로 받쳐진 어린 양의 승리를 그려 기도 속에서 희망으로 극복하길 바라는 이요한 李若望 신부님의 바람이 담겨있다.

주보 성인 : 즐거움의 샘이신 성모 마리아

주소 : 台南市玉井區民生路 432號

전화 : 06-574-2614

주일 미사 : 일 09:00

https://www.catholic-tainan.org/church/吾樂之緣聖母天主堂

퇴근하는 마음으로 기쁘게 숙소를 향해 길 위로 나왔다. 추천받은 숙소로 예약 전화를 했을 때 수화기 너머로 들려오는 목소리가 왠지 익숙했다. 작년 순례 때 학부 선배가 추천해서 전화했지만, 연세가 있으신 부드러운 음성이 내 귀에는 또렷하지 않아 자신 있게 예약하지 못했던 곳이다. 그때의 실패를 만회하고자, 아니 얼마나 대단한 곳이기에 여러 사람이 추천하는지 확인하고 싶어서 이번에는 물러서지 않고 당당하게 전화했다. 그리고 방이 어떤 형태냐? 두 개도 가능하냐? 문의할 때 "방은 많으니까 와서 결정하세요"라는 말씀이 너무도 반가웠고, 도착해서 보니 1인실부터 단체 합숙형 방까지 다양해서 금세 이해가 됐다. 어쩌면 작년에는 뚜벅이 신세였기에 예약했어도 험난하게 왔을 한적한 평야 지대의 시골이다.

나의 구글 내비게이션이 길을 안내해 줄 때 "-하세요, -입니다. -습니다."라는 한국어 어미를 들으시고 양쌤이 어떤 차이냐고 물으신다. -요는 일반적 또는 좀 관계가 가까운 사이의 존댓말이고, -다는 공식 석상이나 격식이 필요한 존댓말, 경어라고 했다. 그래서 내비게이션은 불특정의 사용자를 존중하며 도로의 정보를 전달하는 의미의 안내라 한국어에서는 이런 겸손과 격식의 표현으로 말한다고 했다. 그랬더니 대뜸 나의 말에서는 느껴지지 않는다고 하셨다. 듣자마자 나는 발끈해서 "우리의 대화는 중국어잖아요?!"라고 반문했다. 그리고 흐르는 침묵에 나는 생각해 본다. 내가 하는 말과 태도에 존경이 없었단 말인가? 동행을 허락해 주신 것이 감사해서 불편 드리고 싶지 않아서 운전과 예약, 식사 메뉴, 방 안의 온도 등등 맞춰가며, 퇴직을 앞둔 연장자를 위해 모든 걸 감수하고 있었는데 양쌤은 아니셨구나. 나는 생색내는 것을 싫어한다. 내가 알고, 하느님이 알고 계신 것으로 충분하다. 말에는 온도가 있고, 그 전파력은 매우 크기 때문에 방금 기쁨으로 충전된 마음은 20여 분 만에 깊은 상심에 빠져 할 말을 잃은 채 목적지에 도착했다.

안시랴오 安溪寮 성가정 성당은 도착 전에 얻은 정보에 의하면 사도성 요한 수도회(Congregation of St. John)의 사목과 영성 피정의 집으로 나의 예약 전화를 받으신 피더 畢度 신부님은 부산에서 활동하시다 오셔서 한국어를 잘 하신다고 한다. 그래서 뵙자마자 한국어로 인사를 했더니 역시 신부님도 한국어로 답해주셨고 반갑게 몇 마디 더 인사를 했다. 방은 말씀대로 다양한 형식으로 많았고, 비용도 부담이 없어 두 개를 요청했더니 나에게는 특별히 한국 성모마리아 성상이 있는 방을 주셨다. 그 방의 이름은 운명처럼 소화 데레사, 나의 방이다. 각방을 쓰고 싶었던 찰나에 정감 있는 아담한 방과 환대를 해 주셔서 다시 마음의 평화를 찾았다.

적당히 짐을 풀고 이 주택가 마을에서 유일하다고 말할 수 있는 식당의 다양한 메뉴 속에서 저녁으로 김치볶음밥을 주문했다. 지쳐간다고 해야 할까? 10일 일정에 4일이 경과하는데 오늘 같은 속도라면 일정을 앞당길 수 있을 거 같아서 양쌤이 예약하신 타이중 台中 숙소를 앞당길 수 있는지 여쭸다. 양쌤은 왜 그래야 하냐고 물으시고는 성지 목록과 일정을 꺼내며 내일 가야 하는 난터우현 南投縣 춘양 春陽 성지의 길은 지인에 의하면 며칠 전 태풍에 도로가 막혀 못 간다 했으니, 목록에 빼라고 한다. 난 완주가 목적이니까 어찌 됐든 가능한 곳까지 가보자고 제안했다. 첫 일정(성 가밀로 성지)은 양보했지만, 이곳은 지리적 교통편이 좋지 않기에 고집을 부렸다. 양쌤이 그럼 연락해 보라고 하셔서 성지에 전화했더니 복구 완료되어 문제없다는 통쾌한 대답을 들었다. 그렇게 냉랭함을 반찬 삼아 꼬실 한 볶음밥을 먹었다.

저녁 7시 30분 성체조배가 있어 성당에 갔다. 성당 실내가 어쩌면 이리도 소박하고 멋질까? 분명 똑같은 중화풍의 건축양식과 실내 장식인데도 분위기는 완전히 다르다. 살짝 과장해서 말하면 한국적인 느낌이 풍긴다. 어두운 조명과 꿀성대 신부님의 성가 덕분에 거룩하고 엄숙하게 기도의 마음으로 훅 몰입됐다. 그렇게 주님이 잘 보이는 곳에서 엎드려 주님께 쓸모 있기를 청한다. 주님 앞에 작은 존재인 나를 한없이 낮추어 자만하지 않기를 청하고, 일정에서 양쌤과 평화의 조화를 이루기를 간절히 청하고 또 청한다. 한 시간의 성체조배 시간이 처음으로 부족하게 느껴졌고, 181km라는 긴 거리와 조금은 벅찬 4개의 성지를 방문했고, 아침부터 저녁까지 심적으로 냉탕과 온탕을 여러 번 오갔던 8월의 마지막 날, 참으로 버라이어티했지만 평화로 하루를 마감한다.

▲ 안시랴오 安溪寮 성가정 성당 뒤뜰의 단아한 성모 동산 - 그림 : 양수방 楊淑芳

| 날 짜 : 2023. 09. 01 (금) | 날씨 : 파란하늘에 뭉개구름 -> 갑작 폭우 -> 부슬비 |

어김없이 똑같은 시간에 일어났지만 뒹굴뒹굴한다. 1층에서 신부님들과 양쌤이 왠지 같이 아침 식사를 하시며 신나게 수다를 하시는 것 같기 때문이다. 불러주거나 초대받은 자리가 아니기에 나는 굳이 쭈뼛거리며 방해꾼 신세를 자처하고 싶지 않다. 9호 태풍(사올라)은 더 남서쪽으로 진행하고 우리는 북상하기에 태풍의 영향권과 더 멀어져서 다시 완전 맑고 깨끗한 파란 하늘을 만났다. 그렇게 기분 좋은 출발을 기대하며 짐을 정리해서 8시 미사에 참여했다. 두 명의 신부님과 재속회? 자매 한 명, 그리고 우리, 총 다섯 명의 조촐하지만, 진심 가득한 미사를 했다. 그리고 양쌤이 잠시만 기다려 달라더니 고해성사를 보고 오셨다. 그리고 존댓말 이야기는 미안했다고 사과하시고 화해의 포옹을 청하셨다.

그러나 난 옹졸하게 내 이야기를 했다.

"이 기획을 제안했을 때 양쌤이 도와주시겠다고 해서 용기를 얻었고, 함께했는데 첫날부터 기도와 그림만 담당하시겠다고 단호하게 구분 짓고, 며칠 전에는 그림 없이 혼자 하라고 하셨다. 그런 말씀이 내게는 유쾌하지 않고 함께 같이 하는 것이라고 이렇게 강조를 해도 들러리처럼 힘 빠지는 소리만 하셔서 솔직히 힘들다."

나의 고충을 들으신 양쌤은 "네가 기획한 네 프로젝트라는 말이다. 그리고 그림이 중요하지 않다고 생각하기 때문이다."라고 답하셨다.

"이 책은 내, 개인의 의미보다 나 같이 헤맬 사람들을 위한 것이다. 한국어로 한국 사람에게 필요한 것보다 대만 사람, 대만 가톨릭을 위한 것이다. 그래서 쌤의 체험과 역할이 중요하다."라고 나는 말을 덧붙였고, 양쌤에게 십자가처럼 부담을 짊어 주었다. 그 무게를 느끼셨는지 쌤은 침묵이다. 그렇게 화해의 포옹 없이 시동을 걸고 출발했다. 이것이 지금 생각해도 너무 미안하게 느껴진다. 중간에 아차~ 생각나서 화해의 손을 내밀었지만 이미 늦은 어색한 상황이었다. 아무튼 여기에 다 말할 수 없지만, 이번 순례는 우리 각자의 영적 체험뿐만 아니라 대만 가톨릭의 현실을 경험하기 위한 것이다. 그래서 양쌤은 그 역할이 중요했고, 주님께서 파견해 주신 훌륭한 일꾼 천사라고 생각했다. 그렇기에 더 잘 준비하고 모든 경비를 다 지불해서라도 진행하고 싶었다. 여정 내내 양쌤은 생각지 못한 나의 쓴소리가 무척 달갑지 않았을 것이다. 대만 생활 8년 이상 하면서 관찰하고 느낀 나의 소견을 말하자면, 대만 가톨릭은 빠르게 노쇠하고, 출산율이 적기에 서둘러 신앙의 씨앗을 뿌려야 한다고 본다. 그래서 좋은 텃밭을 놀리기 아까운 농부의 마음처럼 잔소리가 많았다.

그렇게 오늘의 첫 목적지, 네이푸 內埔 '성녀 소화 데레사 성지 小德蘭朝聖地'에 도착했는데 이상하게 대문이 잠겼다. 주변 집들의 이웃에게 물어봐도, 사람을 불러봐도, 전화를 해봐도 도무지 알 방법이 없다. 양쌤이 그사이 어딘가(후배) 연락을 취해보니 오늘 자이 嘉義에 중요한 강의가 있어 자이교구 수도자는 아마도 모두 거기에 참석했을 거

▲ 민박집 주인장 아버지의 견고한 기도 방식.　▲ 주인장 어머니의 구수한 술 빚는 모습.

라는 말씀이었다. 그래도 뭔가 방법이 없을까? 문의를 해 놓았지만 바로 답변이 오지 않아 다음의 목적지 메이산 梅山으로 출발했다. 가던 중에 문의한 후배에게 연락이 왔단다. 성당 옆 유치원에서 열쇠를 갖고 있으니 열어 달라면 된단다.

그래서 계속 메이산? 아니면 유턴해서 보고 다시 메이산으로?? 참, 모든 것이 어쩜 이렇게 선택의 기로에 놓여 결정하기 어려운 망설임일까??? 왜냐하면, 우리의 오늘 숙소는 메이산 梅山이다. 오늘이 전체 여정의 중간쯤이라서 휴식이 필요하다고 생각했고, 마침 어제 일정이 무리였기에 좋은 숙소에서 편히 쉬어가면 좋겠다는 판단이었다.

이곳은 2022년에 나 홀로 순례 중에 메이산 梅山 본당 신부님이 추천하신 교우의 민박집이고 공기와 경치가 참 좋았다. 2023년 12월 집필을 위해서 갔을 때는 더 친절히 맞이해 주셨고, 주인장 아버지께서 본인의 영적 체험과 기도 생활을 말씀해 주시는데 정말 감동이었다. 주인장 어머니가 홀로 집안 전통술을 빚으시길래 구경삼아 누룩을 빻으며 거드는데, 밥 짓는 구수한 냄새와 누룽지 간식을 주시는 정감까지 우리

네 방식과 비슷하다. 아버지께서 작년에 빚은 술도 한 병 선물로 주셨다. 술 익는 소리와 기도 소리가 들리는 목가적 풍경이 마치 평화로운 성가정의 모습같다. 주일 미사에 갔을 때 주인장 아버지는 성당에 들어와 무릎을 꿇고 두 팔을 쭉 뻗어 엎드려 절을 하신다. 이렇게 온몸으로 기도하시느라 발등과 무릎 등등에 박힌 굳은살이 이분의 견고한 신앙심을 말해 준다.

"세례자 요한이 광야에 나타나 죄의 용서를 위한 회개의 세계를 선포하였다." - 마르코 1장, 4절

필리핀 국적의 주임 신부님이 강론에서 회개는 일부가 아니라 전부를 바꿔야 한다고 말씀하셨다. 순간 내가 대만에 온 이유를 알게 되었다. 그리고 대만에서 난생처음으로 개인 피정을 했던 그때가 떠올랐다.

대만에 온 지 115일이 지난 2016년 3월 24-27일 부활절에 관광지로 유명한 단수이 淡水 맞은편에 있는 빠리 八里라는 지역에 대만에서 명문사학으로 알려진 예수 성심 수녀회(Society of the Sacred Heart of Jesus)의 성심 여자 중·고등학교에 있는 피정의 집에서 개인 피정을 했다. 1800년에 성녀 마들렌 소피아 바라가 창립한 국제 여성 수도회로 한국에서도 성심여자 중·고등학교에서 교육적 사명을 실천하고 있다.

당시 이유 없이 피정하고 싶었고, 여러 문의 끝에 한국어가 되는 근교 지역의 김은정 아녜스 수녀님을 소개받아 찾아가게 되었다. 난생처

음의 피정이라 어색하기도 한데, 아녜스 수녀님은 만난 순간부터 외유내강의 내공이 느껴져서 낯가림을 핑계로 죄인이 주눅 든 모양새로 3박 4일의 피정을 했었다. 그러나 이 피정은 25년 정도의 냉담에서 지은 수많은 죄를 회개하느라 눈물이 마를 날이 없었다. 어쩌면 빙산의 일각이었을지도 모른다. 분명 내가 알아차리지 못하는 어리석은 죄가 수없이 많을 것이다. 수녀님이 그걸 다 꺼내 주시기 위해 '관상기도'와 "예수 마음 호칭 기도"를 알려 주셨다. 그때 내가 선택한 기도문은 '예수 마음의 힘이여, 제 마음을 지탱해 주소서'였다. 기도를 시작할 때, 분심이 생길 때 수없이 되뇌었다. 여러 개의 사건 속으로 관상기도인지 회상인지를 오가며 잘못을 뉘우치고 회개의 눈물을 흘리며 점점 더 깊은 기도를 하던 와중에 피정 3일 차였던 3월 26일 오후 기도에서 예수님의 성상과 이콘 ICON 등에서 예수님의 귀가 없음을 발견한다. 수녀님의 대답은 그것이 나에게 주시는 예수님의 유니크한 말씀이라고 하시는데 도통 이해되지 않았다. 그날 저녁 기도에서 귀가 없는데 제 기도가, 목소리가 들리시냐고 물어봐도 침묵이시던 예수님은 내가 10살 때 죽었다 깨어난 첫 번째 기적의 사건으로 나를 부르시고, 그 누구도 사과를 해주지 않았던 상황에서 나에게 '미안하다'라고 하셨다.

 그렇게 예수님께서 우리의 죄를 대신하여 십자가에 못 박히시는 그 시간에 맞춰 모두를 대표하여 사과해 주시다니… 다 알고 계시고, 다 듣고 계셨다. 거의 30년을 입 밖에 꺼내지 못했던 응어리가 대성통곡과 함께 풀어지고, 나는 평화로이 아주 특별한 부활을 맞이했었다.

 그렇게 나의 회개를 위해 모든 것을 바꿀 수 있게 대만으로 부르셨음

▲ 빠리 八里 예수 성심 수녀회 로고.　　　　▲ 피정할때 개인 규칙.

을 이제 알게 되었고, 나에게는 그냥이었던 선택이 알고 보니 주님의 치밀하고 오묘한 계획이었음이 눈앞에서 파노라마처럼 훅 지나갔다. 왜? 저인가요? 주님의 큰 사랑과 전지, 전능하심에 경외심이 들지만 무섭기도 하다. 대만에서 내가 제일 많이 들은 말이 "너는 운이 좋아, 복이 많아"였고, 다른 하나는 "예수님이 너를 많이 사랑하셔"라는 말이다. 이 두 마디가 같은 맥락이지만 믿음이 있는 사람은 사랑이라 했고, 믿음이 없는 사람은 운과 복이라 표현했다. 내 삶이 어땠는지 묻지도, 알지도 못하면서 달달한 말을 해준다. 대만에는 '타오하오 討好'라는 것이 있는데, 우리식으로 보면 립서비스다. 그래, 칭찬은 고래도 춤추게 한다. 그래서 칭찬 한마디, 마디마다 일희일비하면서 긍정도 하지만 미친 노력의 결과라고 속으로 대답하는 편이었다. 그러나 지금의 나는 이 모든 것이 주님의 도우심과 계획하에 이루어졌음을 너무도 잘 알고 있기에 성호를 긋거나 쌍 무릎을 꿇고 주님을 흠숭하게 되었다.

다시 성지순례로 돌아와 양쌤에게 소개하고 싶었던 민박집은 생각보다 너무 이른 아침에 도착이고, 양쌤 지인에 의하면 메이산 중화 성모 성지는 공사 중이라고 하니 많은 시간이 단축될 것 같다. 예상치 못한 상황에 봉착되어 양쌤에게 다시 타이중 숙박을 오늘로 변경 가능한지 확인 요청을 했다. 운 좋게 가능하다 하셔서 메이산 숙박을 취소했지만, 공사 중인 성지라도 보기 위해 일단 메이산에 갔다가 거리가 비교적 가까우니까 나오는 길에 다시 네이푸 內埔 소화 데레사 성지를 가자고 합의했다.

메이산 梅山 **9.'중화 성모 성지** 中華聖母聖地'의 폐허가 된 성당에서 허리가 굽은 할머니를 만났다. 임시로 사용하는 성당에서 곧 성체조배가 있다고 하신다. 나중에 알았지만 매월 첫 금요일 오전 7시부터 저녁 7시까지 12시간 성체조배를 신자들이 돌아가면서 진행한다고 한다. 잠깐 둘러본 사이에도 태양이 어찌나 뜨거운지 작은 몸뚱이에 땀샘이 모두 터져 구슬땀이 주르륵이다. 폭격을 맞은 듯 허물어져 가는 폐허의 잔해들을 보면서 이곳의 희로애락을 상상해 본다.

9. 메이산 梅山
중화 성모 성지 中華聖母聖母朝聖地

　1913년 도미니코 수도회가 선교를 시작했고, 1931년 강론을 할 수 있는 공간을 만들었다. 1953년에 자이 嘉義 교구가 성립되면서 1954년 손지산 孫繼善 신부님이 부임하고, 중화 전교 수녀회도 이전해 온다. 1957년 티엔껑신 田耕莘 추기경님이 시찰 오셔서 모금을 통해 지금의 자리에 성당을 신축했다.

　1972년 중화 전교 수녀회는 자이 嘉義 시내로 이전했고, 지아옌원 賈彦文 주교님이 이곳을 성지 聖地로 지정하면서 1976년 중화 성모상

中華聖母像을 제작해 봉헌했다. 순례객이 늘어나면서 1989년에 티깡 狄剛 주교님의 계획하에 지금의 성당이 신축되어 1991년 5월 10일 로마 바티칸으로부터 전대사 증서를 받고, 그해 5월 26일 축성되었다. 그리고 2000년 12월 31일부터 매년 신년 맞이 행사로 자이 嘉義 교구의 신자들과 중화 성모 中華聖母 순례 행사와 미사를 하고 있다. 그렇게 순례객이 늘어나면서 현재 성당 우측에 사무, 행정, 강의동이 신축되어 사용되고, 성당 뒤편에 피정의 집이 완공되었다. 하지만 사용승인 대기 중이며, 지금은 성당 내부의 리모델링 공사를 한창 진행하고 있다. 2024년 5월에 축성식이 거행되면 주변에 관광지도 있어 순례객이 더 늘어날 것으로 예상된다.

주보 성인으로 지정된 중화 성모 中華聖母의 유래는 원래 중국에서 시작된다. 1894년 청·일 전쟁이 일어나면서 중국의 반식민지화는 더욱 강화되었고, 서구 열강들은 중국에 개발을 명목으로 공장, 은행, 철도 등을 건설하며 정치, 경제, 군사적 침략은 더 심각해졌다. 그래서 산동성 山東省에서 민간에 내려오던 무술 단체 '의화단 義和團'과 다른 지역의 무술 단체와 연합하여 부청멸양 扶淸滅洋을 표방한 서구 열강에 대한 반란을 일으킨다.

이때 반기독교운동으로 번져 교우촌이나 성당을 포위하고 학살과 방화, 약탈 등의 만행이 벌어졌다. 1900년 4월, 자금성이 있는 베이징 北京을 포함한 허베이성 河北省도 예외는 아니었기에 서태후가 의화단 義和團을 부추겨 서양인의 살해와 공사관을 공격하게 한다. 그러나 인근 지역의 보정시 保定市 동려촌 東閭村은 중국인 왕바오로 王保祿 신부님의 지휘하에 자체 방위를 하였다. 또한 이 지역에는 '백인 여인 白人太太'으로 성모 마리아님이 자주 발현하셨다고 한다. 따라서 성모님의 보호로 다른 지역에 비해 큰 피해를 보지 않았기에 성모님에 대한 감사의 뜻을 표현하고 싶어 했다.

그래서 프랑스 국적의 플라망 P.Flament 신부님에 의해 프랑스 화가를 고용하여 1908년에 얼굴은 우리가 알고 있는 서양의 성모, 예수님의 하얀 피부에 달걀형의 얼굴이고, 서태후가 입은 황후의 의상과 중국 황실의 황태자 의상을 모티브로 성모 성자의 성화 聖畫, 성상 聖像이 완성됐다. 1924년 "중국의 성모송 中國之聖母誦"기도가 봉헌되면서 "중국 성모 中國聖母"라 불리게 되었다. 그러나 1928년 교황 비오 11세가 모든 '화인 華人의 모후'라고 언급하면서 "중화 성모 中華聖母"로 변경됐다. 성모님이 발현했다는 동려촌 東閭村에 순례객이 늘면서 1937년 교황 비오 11세 때 국가급 성지 聖地로 승인됐다. 그러나 성화 聖畫, 성상 聖像은 1966년 모택동 毛澤東의 사회주의 실천을 주장하는 '문화대혁명' 때 파괴되고 말았다.

대만 자이 嘉義 교구는 보관하던 흐릿한 중화 성모를 복원하고자, 1976년 스루창 石汝昌 신부님과 장푸라이 張福來 선생님이 이끄는 지역 예술단체의 합작으로 중화 中華 문화의 패턴과 장식, 가톨릭 문화의 성모 성자의 상징적 자태를 결합한 "중화 성모 中華聖母"가 목조상으로 제작되었다. 노후한 것을 1985년에 다시 제작했고, 지금 봉헌된 것은 2005년의 제작이다. 바티칸에서는 자이 嘉義 교구의 50주년을 기념하여 2021년 2월 19일에 "중화 성모 성자상 中華聖母聖子像"에 금관 착용을 승인하였다. 이에 2021년 8월 14일 대만 가톨릭 164년 역사상 처음으로 거행된 영광스러운 대관식이 진행되었다.

리모델링된 성당이 2024년 5월 11일 축성 미사가 거행되면서 성당은 물론 피정의 집도 운영하기 시작되어 피정은 물론 다양한 행사의 진행 및 참여가 더 쉬워질 것이다.

주보 성인 : 중화 성모
주소 : 嘉義縣梅山鄉社教路3號
전화 : 05-262-1410
평일 미사 : 월~토 07:00 (國語)
주일 미사: 일 09:00 (台語)
매월 첫 금요일 예수 성심미사 19:30 (國語)
https://www.chiayicath.org.tw/churchdetail_tw.php?id=5590

성당을 나와 점심으로 우육면을 먹고 다시 **네이푸** 內埔 **10. '성녀 소화 데레사 성지** 小德蘭朝聖地'로 와서 옆에 있다던 유치원을 찾았다. 그러나 눈을 씻고 찾아도 보이지 않고, 행인이 알려준 마을 꼭대기에 딱 하나 있다는 유치원에 가봤으나 성당과는 무관하다고 한다. 담을 넘어서 라도 들어가 보고 싶은 마음은 굴뚝 같았지만, 외관 사진만 찍고 후퇴한다. 이동 중에 알고 보니 양쌤의 후배가 말한 소화 데레사 성당은 다른 곳이었다. 그래… 같은 모국어끼리도 소통이 어긋나기도 하는데 나와 양쌤의 소통이 어긋나는 것은 당연할지도 모른다고 스스로 위로를 해본다.

이후에 이곳을 방문하고 싶어 2024년 1월 28일에 일정을 빼두고 고속열차 표까지 예매했으나 출발 전날 두 번째 코로나 확진으로 수수료를 지불하고 취소했다. 증상은 예전보다 괜찮고, 격리도 없지만 타인의 건강을 위해 격리는 필수가 아닐까 한다. 이렇듯 다음을 기약하는 것은 쉬운 일이 아니다. 어쩌면 출판되는 그날까지? 출판되어서도 풀지 못한 숙제가 될지 모른다. 그래서 성지 순례도 누구나 하는 것이 아니라 선택받은 자만 가능하다고 한다.

출판사와 계약하고 편집 디자인을 하던 2024년 8월 30일, 용케 시간이 나서 아침 8:30분 고속열차를 타고 부랴부랴 왔다. 물론 갑자기 시간이 났어도 전날 전화를 했고 통화가 안됐지만, 일단 오전 11:30분에 도착했다. 그러나 역시 굳게 닫힌 문, 받지 않는 전화, 주변 상가 직원이 본당 신부님의 개인 연락처로 연락를 했지만 안 받으셨다. 결국, 오후 5시에 마지막으로 전화 걸고, 고속열차를 타야 했다.

10. 네이푸 內埔

성녀 소화 데레사 성지
聖女小德蘭朝聖地

네이푸 內埔 초등학교 교사로 파견된 정쉬우춘 鄭秀春 부부의 가족이 1959년에 이사왔고, 주치 竹崎에서 선교하던 투총성 涂崇聖, 타이이스 台義施 신부님이 정 鄭 교사를 찾아왔다가 기숙사에 강론과 교리 교실을 만들고 예비 신자를 모집하며 시작됐다. 신자들이 늘면서 타이이스 台義施 신부님은 '말씀의 선교회(聖言會Societas Verbi Divini, SVD)'에 토지 구입과 성당 건축비용을 신청했고, 주보 성인을 소화 데레사로 정했다. 1964년 8월 10일 축성되었고, 우은리 吳恩禮 신부님이 본당 사목을 맡으며 독일에서 소화 데레사의 성물 聖物를 가져와 봉헌했다. 그리고 니우회칭 牛會卿

주교님의 승인으로 성지 聖地가 되었다. 2022년 10월 1일에는 소화 데레사 부모님의 유해가 푸잉숑 浦英雄 주교님에 의해 봉헌되었다.

1925년 5월 27일 비오 11세 교황이 아기 예수와 성면의 성녀 데레사 Sancta Teresia a Iesu et a Sacro Vultu로 시성하였다. 프랑스 가르멜 봉쇄수녀원 수도자로 '아기 예수의 데레사'라는 수도명을 받았다. 성인 聖人이 되고는 '소화 小花 데레사', '리지외의 데레사'로도 불린다.

24세의 짧은 인생에 그녀의 영적 삶은 간단하고 실용적이면서 깊이가 있어 가톨릭교회 역사상 가장 인기 있는 성인 중에 하나로 비오 10세 교황은 "현대 최고의 성인"이라는 찬사를 했다. 언젠가 나는 나의 소화 데레사를 만나러 꼭 갈 것이다.

소화 데레사의 언니 4명도 모두 수녀였고, 시계공인 아버지 루이 마르텡 Louis Martin, 레이스 제조공이었던 어머니 젤리 마르텡 Marie Zélie Guérin Martin은 2015년 10월 18일 최초로 부부 성인이 됐다. 선종 100주년이었던 1997년 10월 18일 교황 요한 바오로 2세는 소화 데레사를 교회의 33번째, 여성으로 3번째 박사로 결정했다.

대학 교육을 받지 않았고, 학문적 내용은 없지만 "나의 어머니인 교회 안에서 나는 사랑이 될 것입니다."라는 깨달음으로 "작은 길"을 선택해 수도 생활과 하느님과의 관계에 대한 영혼의 태도를 가지고 작은 일에서 온몸으로 한 생애를 다해 보여 주었기 때문이다. 이런 간접 선교를 통하여 선교의 수호성인이자 프랑스의 수호성인으로 지정되었다.

주보 성인 : 성녀 소화 데레사

주소 : 嘉義縣竹崎鄉內埔村元興路 134號

전화 : 05-254-0200   주일 미사 : 토 17:30 (台語)

https://www.chiayicath.org.tw/churchdetail_tw.php?id=5650

▲1년 전에는 없던 세계 각국 언어의 크리스마스 벽화.

그렇게 다음 장소로 이동하며 성모 마리아의 모습을 두고 대화했다.

어쩜 바비인형 또는 모델 같은 성모님의 성상 聖像, 성화 聖畫는 남성 사제들이 원하는 이상형의 모습이지 않을까? 또한 우리가 어릴 때 기억하는 인자하신 어머니의 젊음이 한창 성숙했던 그 모습, 그래서 모든 성모 마리아상에서 노파의 모습은 없다. 그리고 가톨릭의 현지 토착화에 의해 각 나라, 문화별 모습이 다르다. 한국의 성모 마리아상은 자애와 인자함과 지적인 어머니상의 대표인 신사임당? 느낌이다. 그리고 중화 성모는 황후의 모습. 또한 대만 원주민 성모는 부족의 문신(문면 紋面, 23번 우라이 烏來 파티마 성모성지 참조)을 하고 있다.

느낌과 표현은 각기 다르지만, 성모 마리아의 모습은 한없이 아름답고 고운 자태를 하고 있다. 우리 엄마가 늘 아름답기만 하던가? 항상 인자하기만 했던가? 우리네 엄마는 그럴 수 없다. 그러니 성모님을 공경하는 것은 당연하고, 성모 마리아의 상징인 교회는 언제나 열려있어야 한다는 게 나의 주장이다. 대문 컷을 하는 엄마, 닫힌 엄마라면 우리는 과연 어디로 가야 하는가? 일반 성당도 아니고 순례객을 맞이하는 성지라면 더욱더…

차는 어느덧 윈린현 雲林縣의 **11. 수즈지아오 樹仔腳 '성 요셉 성지 大聖若瑟朝聖地'**에 도착했다. 숙박하고 싶어서 미리 문의했을 때 관계자분께서 아무도 없겠지만, 성당은 열려 있으니, 방문은 가능하다고 했다. 생각해 보니 좀 전에 확인한 자이 嘉義 강의였나 보다. 작년에 왔을 때 본당 신부님이 보인대학원 종교학 선배님으로 열렬한 환대와 열띤 설명을 해 주셨던 곳이다.

지역이 공업 지대라 당연하게 주보 성인은 성 요셉이고, 내가 보아 온 대만의 어떤 성 요셉 성당중에서 가장 극진히 화려하게 모셔져 있다. 조용히 명상과 기도의 시간을 갖고 나오니 비가 내리고 있다. 대만은 남북으로 길면서 동고서저의 지형이고, 동쪽 산맥의 평균 해발은 2,000m이기에 날씨 변화가 매우 심해서 대만 날씨를 아가씨 마음이라는 비유를 쓴다.

예상치 못한 상황으로 일정을 앞당겨 타이중 숙소까지 갈 길도 먼데, 소화 데레사 성지를 두 번 갔고, 내비게이션 검색 착오로 시토회의 성지를 잘 못 갔기에 4곳의 거리는 160km에서 220km 정도로 늘어났다. 그러다 보니 이번 순례에서 가장 긴 장거리 일정이 되었다.

11. 수즈지아오 樹仔腳
성 요셉 성지 大聖若瑟朝聖地

지리적 위치상 신앙의 빛이 닿지 않던 1890년 가오슝 교구에 요청하여 도미니코 수도회, 스페인 국적의 까오시능(高熙能 R.P.Francisco Giner, O.P) 신부님에 의해 시작되었다. 까오 高 신부님은 대만 성가 聖歌를 작곡하는 첫 번째 작곡가이다. 다른 지역과 마찬가지로 방 한 칸 임대해서 시작한다.

1904년, 같은 도미니코 수도회의 홍루오러(洪羅肋 Rev. Angel Rodriguez O.P) 신부님이 지금의 토지를 구매하고 윈린현 雲林縣에서 첫 번째로 흑벽에 초가 지붕의 성당을 지었고, 1913년 서양식 목조 성당을 아름답게 지었다.

그러나 흰개미의 공격과 잦은 침수, 지진으로 다섯 차례나 복구와 수리를 해도 마찬가지였기에 1934년 더쩡훼(德增輝 Vincent Prada) 신부님이 고딕과 바로크 양식의 시멘트 구조의 성당을 건축했다. 그리고 1954년 까오수런 高樹人 신부님에 의해 시멘트 벽돌 조로 다시 재건되고, 숙소 및 행정 사무동을 만들어 신부님과 수녀님의 성소 교육에 힘썼다. 그리고 1982년 지금의 중화풍 성당이 마련되었다. 2016년 3월 19일 자이 嘉義 교구의 세 번째 성지 聖地로 지정되었다.

주보 성인 : 성 요셉

주소 : 雲林縣莿桐鄉饒平路167號 | 전화 : 0987-837-177

평일 미사 : 월~토 07:00 (台語)

주일 미사 : 토 20:00 (台語)   일 09:00 (台語)

매월 첫 금요일 예수 성심미사 19:30 (台語)

https://www.chiayicath.org.tw/churchdetail_tw.php?id=5528

오늘의 4번째 성지는 난터우현 南投縣라는 지역으로 타이중 台中 교구의 성지다. 성지 목록을 조사할 때 타이중 교구가 가장 힘들었다. 양쌤이 주신 자료에 의하면 성지가 무려 8곳으로 과하게 많은 느낌이라서 검증이 필요했다. 그래서 교구에 직접 전화해서 교구장의 비서를 통해 3번이나 확인해서 최종 4곳이라는 확답을 듣고 찾아온 곳이다.

그 첫 번째가 난터우 수웨리 水里 지역에 있는 시토회 운영의 **12. '만복 성모원 성지 萬福聖母院聖地'** 교구 비서도 미리 알려줬지만, 대중교통은 없고 길이 굉장히 좁아서 운전이 어려울 것이라고 했다. 우선 내비게이션이 알려준 평탄한 도로의 성당 안으로 들어가 봤다. 마침, 베트남 국적의 본당 신부님이 계셔서 문의하니 산길로 올라가야 하는 것이 맞다고 한다. 근데 내비게이션에 검색이 안 되니 어떻게 가야 하는지 여쭈었더니 어찌어찌 내비게이션을 찍어 주셨다. 길이 정말 위험한지 물으니 그렇지만 천천히 가면 된다고 하신다. 날이 어두워져 그곳을 가보신 신부님이 같이 가주시면 좋겠지만 며칠 전 비염 수술을 하셨기에 요청하기 어려웠다. 양쌤이 엄청나게 불안해하는 눈빛으로 망설이는 것이 강력하게 느껴진다. 왜? 나는 갈 놈이라는 것을 며칠 동안의 경험으로 충분히 습득하신 것 같다.

사진 속의 하늘 색에서도 알 수 있듯 흐린 날씨에 해가 떨어지는 오후 4시라서 진짜 서둘러 출발했다. 그리고 직감으로 비탈진 산길로 진입하면서 양쌤이 기도를 하자고 하신다. 그렇게 삼종기도를 같이 했지만, 운전대를 잡은 나는 올라갈 때도 내려올 때도 소리 없이, 쉴 새 없이 성모송과 주님의 기도를 읊조리며 이 좁고 가파른 산길(해발 658m)

▲ 삥랑 檳榔 나무가 빼곡한 가파른 좁은 산길.

에서 제발 다른 차와 만나지 않기를 기도에 기도를 드렸다. 정말이지 습기까지 머금고 있는 이런 도로는 중간에 멈추거나 속도가 빠르면 바로 미끄러지는 상황이기에 생각만 해도 아찔하다. 엔진에 힘이 떨어지지 않게 2단 엔진 기어로 바꾸고 왕복했다. 길을 다 내려와서야 안도의 한숨과 함께 미친 짓이었다고 허탈한 웃음을 지었다. 이번 일정에서 가장 살 떨리고, 긴장했던 곳이다.

어렵게 산길을 올라 도착했을 때 부슬비가 내리기 시작했고, 성지로 들어갔는데 아무도 없었다. 집 지킬 능력은 전혀 보이지 않고, 귀여움만 가득한 비글 강아지 한 마리가 반겨줬다. 역시 자이 嘉義 교구의 강의로 자리를 비우신 것 같아 자세히 살펴보거나 설명을 들을 수는 없었지만 서둘러 성당을 찾고, 기록과 짧은 묵상을 하고 나왔다.

12. 수웨리 水里

만복 성모 성지 萬福聖母院朝聖地

프랑스 중동부 디종(Dijon) 인근의 시토(Citeaux) 마을에서 시작한 시토회(Ordre cistercien)라는 수도회는 하얀색 수도복 위에 검은색 스카폴라레를 걸쳐 "백의 白衣 수도자"라고 불리기도 한다. 1098년 베네딕토 수도회의 규칙을 좀 더 엄격하게 따르며 '기도, 노동, 관상'의 삶을 살아가는 봉쇄수도회다. 성 베르나르 드 클레르보(St. Bernard de Clairvaux)의 기여로 크게 발전하면서 '베르나르두스회'라고도 한다.

역시 중국 선교와 개척을 위해 1883년 사제를 파견하고 수도회 및 신학원을 설립했으나 1947년 중국의 공산화로 대부분 미국과 캐나다로 대피하고 16명은 홍콩으로 이동하여 다시 수도회를 시작했다. 그러나 대만에 시토회가 없는 것을 확인하고 타이중 台中 교구의 승인을 받아 1984년 두 명의 사제가 파견되어 지금의 자리에 수도원 건설을 계획했다.

1988년 우선 목조주택에서 4명의 수도자가 봉쇄 수도 생활을 하며 수도원 공사를 진행하여 1989년에 완공, 1991년에 여자 수도회도 설립한다. 그리고 1993년에 성지 聖地로 승인되었다. 시토회의 건축 양식은 기도의 집중도를 위해 매우 단순하다. 따라서 여느 성당에서 보이는 컬러풀한 스테인드글라스나 화려한 장식 등은 찾아볼 수 없는 깔끔하고 간결함에 중화풍의 지붕 구조와 붉은 색감이 조화를 이루고 있다.

주소 : 南投縣水里鄉五福路270巷20弄六號 | 전화 : 049-277-5744
대중교통 - 수웨리 水里火車站 기차역에서 해발 658m.
수도원 성지까지 4.1km 도보 1시간 30분.
자가용 - 좁은 1차선 도로, 운전 난이도 매우 높다.
https://trappist.catholic.org.tw/htmls/cover.htm

이동하면서 이곳이 왜? 여기에? 성지로 지정된 이유가 무엇일까? 에 대한 이야기를 했다. 교회법에 따라 교구 직권자의 승인을 받아 지정하는 것이지만 가장 이해가, 납득이 안 되는 성지였다. 굳이 이유를 꼽자면 시토회가 있어서?? 성지치고 편하게 올 수 있는 곳이 아니라는 결론이다. 오히려 숙소로 예약한 차오툰 草屯 로사리오 성모 성당이 성지 聖地로서의 조건을 더 갖춘 것 같고, 성지라는 푯말도 액자로 걸어두었다. 그러나 내가 교구에 문의해서 확인한 4개의 목록에는 없고, 인터넷에서 수집한 8개에는 포함되었다. 그런 곳으로는 작년에 갔던 동스 東勢 성가정 성당도 마찬가지다. 수기로 작성된 교구 승인의 증서도 있어 재차 확인하고 문의했으나 현재 교구에서 승인한 것은 4곳이라고 명확하게 말했다. 2022년 인터넷 정보 위주로 방문했을 때 승인이 취소됐지만, 'OO 성지'라는 표지석을 그대로 방치하여 혼돈을 주는 곳도 있었다. 따라서 교구에 확인해서 작성된 목록이지만, 굳이 방문하려는 이유가 여기에 있었다. 어쨌든 방문했던 자료가 있으니 필요하다면 추가하면 된다. 예측불허의 상황으로 하루라는 시간을 단축했지만, 어제, 오늘의 강행군으로 피로가 무겁게 느껴진다.

▲ 봉헌된 10만 편의 금박을 입으신 예수. ▲ 마당에 보이는 하얗고 검은테 땅이 옛성당 자리.

| 날 짜 : 2023. 09. 02 (토) | 날씨 : 괜찮은 흐림 뒤에 밝은 파란하늘 |

　어제 양쌤은 정말 피곤하셨는지 심하게 코를 골았다. 나도 마찬가지로 피곤하지만, 신경 쓰고 나까지 못 잘 필요가 없기에 귀마개를 하고 누웠다. 귀마개의 효과를 경험한 뒤로 늘 가지고 다니는 애장품이다. 왜냐하면 대만 건축물에는 방음이 조금 부족하다. 싱글 페어 글라스에 하이샤시가 아니고, 벽면도 한국처럼 단열재가 들어가는 시공 구조가 아니다. 게다가 오토바이가 많은 도로 환경이라 여기에 꽂히면 대만에서 살 수 없다. 아무튼 장거리 이동에서는 보조석에 앉아서 운전자와 수다를 떠는 것도 정말 힘든 일이다. 대부분 어느새 졸기 마련인데 양쌤은 나를 위한 배려이신지 아니면 내 운전에 대한 불안이신지 한 번도 졸지 않으셨다. 그러니 피곤한 것은 당연하고 정적이고, 규칙적으로 익숙한 패턴의 생활에서 갑자기 마주하는 매 순간의 낯섦과 긴장은 알게 모르게 스트레스가 되었을 것이다. 괜스레 어르신을 고생시키는 거 같아 마음이 더 무겁다. 그래서 남은 일정에는 반드시 방을 두 개로 예약해서 개인의 시간과 휴식을 충분히 갖는 게 필요하겠다.

▲ 9월 21일, 지진 교육관 中 당시 피해건물 모습.

아침 6시 반 미사가 끝나고 본당 교우에게 성당 설명을 들었다. 우선 기존의 터는 어제도 들었지만, 지금의 주차장 마당에 남겨진 위치였고, 1999년 9월 21일 대만의 난터우현 南投縣 지지 集集 마을에서 발생한 대지진에 무너졌다. 새벽 1시 47분에 규모 7.7의 상하로 움직이는 역 단층형 지진이 무려 약 102초간 지속되었다. 그 지진의 발원지는 그대로 '921 지진 교육관'으로 그날을 기억하고 있으며, 이곳과의 거리는 불과 8.9km, 차량으로 15분밖에 되지 않는다. 그래서 성당을 다시 신축할 때 지반을 측량하고, 조금 더 안정적인 지금의 위치로 물러나 시공했다. 옛터는 그날의 상처처럼 흉터 모양으로 남아 있다.

이 아름다운 성당의 설계는 후밍랑 胡明良 신부님이라고 하는데, 알고 보니 그동안 양쌤에게 일정에 대한 잦은 연락과 조언 및 이 숙소의 예약까지 서슴지 않고 도와주셨던 분이라고 한다. 양쌤도 처음 들으셨는지 "그래서 후 胡 신부님이 시간 맞춰 여기로 오려 하셨구나~" 하면서 적잖이 놀라신 표정이었다. 결국 우리가 일정을 앞당기는 바람에 중요한 업무가 있으신 후 胡 신부님이 오실 수 없어서 뵙지 못했지만 어떤 분이실지 충분히 느껴진다. 아마도 성당 및 부속 건물들이 감싸주는 느낌으로 배치된 것처럼 표용력이 많은 분일 것 같다. 이 본당에서 가장 독특한 것은 지금껏 보지 못했던 3중 문 구조의 최첨단 기술이 접목된 듯한 개폐 방식의 성체함이다. 제일 안쪽이 통나무 재질이거나 아니면 기분 탓인지 성체에서 오크 향이 느껴졌다.

제대 위에 걸린 거대한 십자가의 금빛 찬란한 웅장한 예수님은 진짜 금박을 입힌 것으로 성당을 신축할 때 사업가 교우의 봉헌이라고 한다.

나의 삐딱한 프로 불평러의 시각으로는 그분의 과시와 자랑처럼 왜곡된 시각으로 보였는데, 오늘의 제1독서 사도 바오로의 테살로니카 1서 4장 11절의 말씀처럼 "조용히 살도록 힘쓰며 자기 일에 전념하고 자기 손으로 제 일을 하십시오"라는 말씀을 되새겨보니 그분은 그저 복음을 실천하셨다는 생각이 들었다. 주님은 역시나 복음을 통해 나의 모난 생각을 갈아 주셨다.

타인의 봉헌과 친절, 배려 등을 느끼며 이동한다. 가는 길에 편의점에서 간단하게 군고구마, 어묵 국물과 꼬치로 아침을 때운다. 내가 처음 대만에 와서 대만 음식을 모르고, 입에 안 맞아 고생할 때 너무도 맛나게 먹었던 메뉴다. 한국에서는 겨울이 돼서야 노점에서 군고구마 통을 찾아 다니거나 아니면 어쩌다 교외로 놀러 가서 모닥불을 피울 때나 먹던 특별 간식이었는데, 대만 편의점에서는 365일 언제나 손쉽게 먹을 수 있는 간편 메뉴다. 어묵도…

비타민 충전도 필요했던 우리에게 마침 길가의 한 주택에서 말린 용안 龍眼과 구아바를 구매했다. 풍성한 용안수 龍眼樹를 볼 때마다 양쌤이 감탄하시며 올해는 용안이 풍년이지만, 열이 많은 열매라서 하루에 다섯 개 이상 먹으면 안 된다고 알려주셨다. 그럼에도 봉지째 산 것은 운전할 때 까먹기 위한 졸음 방지이자 심심풀이였기 때문이다.

▲ 개천으로 쏟아진 산사태 토사.

어느새 도로가 폐쇄되었다던 산길로 들어서니 양옆으로 깎아 지른 듯한 산맥과 계곡이 나타났다. 물론 폐쇄된 도로는 임시로 뚫렸고, 낙석 방지 작업과 아직도 산사태를 복구하는 모습을 통해 지난 태풍의 위력을 느낄 수 있었다. 이 길은 대만의 중부 횡단 도로로 이 길의 끝은 동쪽 화롄 花蓮으로 연결되어 있다. 따라서 도로가 폐쇄되면 산속 내륙지역이 고립되는 위험한 상황이 발생하기에 신속히 개통 작업을 할 것 같다. 우리가 방문할 춘양 春陽이라는 지역은 대만의 다섯 개 산맥 중에 설산 산맥 雪山山脈 남쪽의 해발 1,208m에 있다. 그렇다면 대만 교구 승인의 30개 성지 중에 가장 높은 지역에 있는 셈이다.

콩 자갈 노출 포장의 외벽과 비슷한 톤의 박공지붕 성당은 깔끔하고, 높은 산세에 비하면 소박한 오두막 느낌이다.

춘양 春陽 13. '중화 순교 성인 성지 中華殉道聖人聖地' 실내 천정이 높고 통풍도 잘 되어 시각적으로, 피부로도 시원하게 와 닿는다. 실내 장식과 색감은 역시 원주민 풍으로 사이더커 賽德克族 부족의 특징을 볼 수 있다. 이 부족은 오우삼 吳宇森 감독 제작의 "시디그 발레 Seediq Bale"라는 러닝타임 276분의 영화에 등장한 원주민이다. 부족의 모든 구성원이 일제 식민지 시기에 일본 군인들과 치열하게 맞서 싸우는 내용이다. 전쟁의 잔혹함이 화면 가득히 너무도 적나라하게 표현됐기에 그리 유쾌하지 않다. 부족을, 나라를 지키겠다고 전장에 나선 전사와 사망자, 살아남은 유가족 모두가 희생자다.

또한, 중국의 명, 청나라 시절에도 정치적 박해와 전쟁 속에 수많은 순교자가 나왔다. 공산주의인 현재의 중국에서 그들의 종교적 희생을 기념한다는 것은 무리가 있을 것이다. 그리하여 희생자라는 공통 분모로 이곳의 주보 성인으로 정해진 것은 아닐까? 생각해 본다.

그 시대를 상상할 수 없는 현재를 살아가는 한 사람으로 역사에 존재하는 수많은 분의 숭고한 희생 덕분에 숨 쉬고 있음에 감사를 드린다. 인류를 위해 가장 큰 희생을 하신 예수님과 같은 높이로 2층 성가대 바닥에 앉아 눈을 맞추고 있는 이 순간의 행복을 즐기며, 예수님을 닮아 갈 수 있기를 기도로 청한다. 막혔다는 길을 저희의 일정에 맞춰 열어 주셨음에 감사를 드린다.

13. 춘양 春陽
중화 순교 성인 성지 中華殉道聖人朝聖地

뉴욕 인근 작은 언덕에서 시작된 미국 최초의 외방 전교회인 '메리놀 외방 전교회(Maryknoll Missioners, 1911)'는 아시아 선교를 목적으로 1918년 중국 광동성 廣東省에 선교사를 파견했다. 다른 수도회와 마찬가지로 중국에서 머물지 못하고 1950년에 대만 중부 지역에 터를 잡았다. 지아쩐동(賈振東, Jacques Amand Joseph) 신부님이 1953년에 파견되어 4륜구동 지프를 타고 선교를 하다가 성모성당을 짓고, 난터우현 南投縣의 산악지역 두 곳(仁愛, 信義)을 전담으로 선교를 시작했다. 그러나 설산(雪山, 해발 3,886m) 산맥, 옥산(玉山, 해발3,952m+) 산맥이 만나는 지역의 특성상 이동이 어렵고, 대부분 원주민 부락인 것을 감안하여 선교는 물론 현지인 선교사 양성에 많은 노력을 했다. 그리하여 1956년에 328명이 세례를 받았고, 1959년 새성당 공사의 첫 삽을 떠서 1960년 12월 21일에 축성했다. 인근에 메리놀 수녀회를 짓고 보육원과 의료 진료소도 운영하면서 선교는 급물살을 타면서 인근의 여러 부락과 부족까지 세례를 받게 된다. 사목 범위가 커지면서 춘양 春陽과 우서 霧社 지역으로 나눴다. 그렇게 시작된 원주민의 교육 및 직업 훈련, 경제적 저축 공제회 등은 산업화에 편승하여 청년층이 도시로 떠나면서 1970년부터 인구 및 신자가 급격히 줄어든다.

이런 우여곡절에도 지역 출신 구성홍 辜勝宏 사제가 1993년 서품받고 첫 번째 사제직을 봉헌하러 왔다. 그리고 1996년 메리놀회는 타이중 台中 교구에 모든 걸 일임하고 일선에서 물러난다.

1999년 9월 21일 대지진으로 성당을 비롯한 주변 지역이 모두 큰 피해를 보았다. 함께 인명 구조와 피해 복구에 힘을 썼고, 새로운 성당을 지으며 2003년 12월 13일 '중화 순교 성인 성당 中華殉道聖人堂'으로 축성되었다.

주보 성인 : 중화 순교 성인
주소 : 南投縣仁愛鄉春陽村龍山巷3鄰78號 | 전화 : 049-280-3511
평일 미사 : 월~금 07:30
주일 미사 : 일 09:30 (國語)
https://www.catholic-tc.org.tw/masstimedetail.php?No=279

어느덧 계획했던 30개의 성지 중에 14, 15개를 향해가고 있다. 점점 목표에 가까워지니까 서두르고 싶고, 대만에서의 운전도 어느 정도 익숙해져 속도가 붙어가고 있다. 그렇지만 여전히 초행길이고 대만 도로 상태를 완벽하게 아는 것은 아니다. 그래서 신호등이 없는 곳이나 어디가 비보호 좌회전인지? 어디가 유턴인지? 잘 모르기에 길을 물으니 "어떻게 면허를 딴 거야?"라고 핀잔을 주신다. 나의 대만 운전 면허증은 딴 게 아니고 신청해서 취득했다. 사실 타이베이와 근교는 대중교통이 잘 되어 있고, 교통비도 저렴하기 때문에 운전할 필요성이 없었다. 그러나 코로나 때 어디라도 혼자 안전하게 이동하려면 렌터카가 좋겠다는 생각에 한국 면허증을 공증받아서 신청했고, 면허 학원에 가서 강사와 함께 도로 주행 연습도 했었다. 그때 강사가 나의 매너 운전 솜씨를 보고 본인보다 낫다고 칭찬을 해줬었다. 물론 그전에 양쌤의 이 차도 운전했었다.

이렇게 간단하게 오토바이 면허증까지 같이 받았지만, 가족에게는 비밀이었던 2021년에 타이동 台東 여행에서 미숙한 오토바이 운전으로 그만 30km의 속도를 제어하지 못하고 왼쪽 코너링에서 그대로 미끄러지면서 가로수를 들이받는 사고가 났었다. 정신이 혼미한 상태로 통증도 못 느끼며 앉아 있는데, 얼굴에서 뜨거운 액체가 흘러 닦아 보니, 땀이 아닌 걸 보고 흠칫 놀랐다. 경찰에게 사고 경위를 진술하고, 한국에서도 안 타본 엠블란스를 타고 응급실로 실려 가 여러 검사와 상처를 치료하고 숙소로 왔다. 일정에도 차질이 생겼고, 사고 나는 장면을 목격하게 해서도 미안한데 선배가 성수를 뿌려주며 놀란 영혼을 위해 다 같이 기도로 위로 해줬다. 여행을 마치고 학교 기숙사로 돌아왔을 때 이미 3년을 같이 지낸 22살의 어린 룸메이트(젠텅신 簡彤芯)가 만신창이가 되어 돌아온 나의 병시중을 들어줬다. 언어 교환으로 만난 친구(손빙리 孫秉豊)는 한방 족욕과 한방차를 다려주며 빠른 쾌유를 기원해 줬다. 가족에게 말할 수 없는 고독한 육체적 상처의 통증을 두 친구의 지극 정성으로 빠르게 회복될 수 있었다.

마음과 정신적 치료는 2016년 가을에 보인대학교로 중국어를 배우러 오셔서 친분을 쌓게 된 '마리아의 전교자 프란치스코 수녀회(FMM)'의 유혜정 마리나 수녀님이 담당하셨다. 언제나 밝고 유쾌한 긍정의 에너지로 따뜻한 위로를 주셨고, 코로나 백수라고 신주 新竹에 있는 '나자렛 피정의 집' 비용 등도 학생 요금으로 부탁해 주셨다. 육체 내면의 상처는 같은 수녀회의 궈치우링 郭

秋玲 대만 수녀님이 진행하시는 '성녀 힐데가르트'의 자연치유로 오링테스트를 통해 내 몸에 맞는 재료인 보리를 선택하고, 자루 별로 찜질팩처럼 만들어서 전신 찜질을 해서 독소를 빼냈다. 이렇게 사용된 보리는 나의 독소를 빨아들였기에 돼지를 줘도 안 먹는다고 한다. 덕분에 모든 상처는 치유되었지만, 그때의 트라우마로 아무리 연습해도 오토바이는 그저 무서운 쇳덩이였기에 이륜차 면허증은 장롱에 넣어 뒀다.

 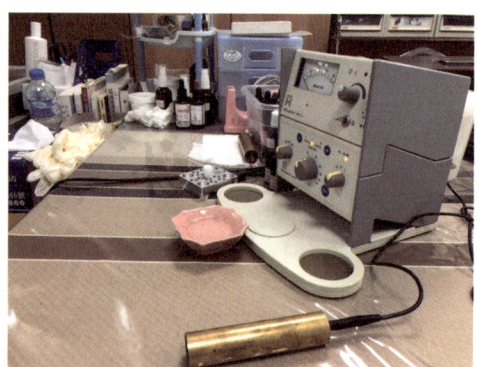

▲ 독소 먹은 보리찜질팩　　▲ 치유를 위한 오링 테스트기

결론은 타이중 台中 시내로 왔기에 길이 살짝 복잡해져서 헤매고 왔다는 얘기다. 그렇게 도착한 **우펑 霧峰 14.'성 요셉 성지 大聖若瑟堂'** 주변의 마을 입구에는 대만의 부잣집 임가네 화원 林家花園과 고적지가 있고, 성당 앞쪽으로는 재래시장이 있다. 장사가 끝났음에도 유동인구가 제법 많다. 대만에서 이런 규모 및 형태의 마을에는 토지궁 土地宮이 있기 마련인데 성당이 있으니 보기 좋다. 혹시라도 성지순례와 관광지를 연계하는 당일치기 성지순례를 기획한다면 적합한 곳이라고 생각됐다.

성당은 주변 건물들 사이에 아담하면서 세련된 현대적 느낌의 사선으로 된 지붕과 정면에 높게 쏟은 종탑의 모습을 하고 있다. 그런데 종탑에 종이 없다. 마치 성 요셉이 망치를 안 들고 있는 모습 같아 이런저런 사연을 우리끼리 상상을 하는데, 우연히 만난 본당 신자에게 물으니 예산 부족이라 처음부터 없었고, 이곳이 성지인지? 아닌지? 때마다 달라서 확답을 못 하니 본당 신부님께 물어보라는 말씀도 하신다. 깔끔한 성당의 모습과 달리 모호한 대화가 살짝 아쉽다.

성당 내부는 사선형 천장의 계단식 측면 창으로 충분한 채광을 확보했고, 제대는 모두 흰색으로 신성함과 거룩한 모습이다. 아직 미국을 안 가봐서 모르겠지만 미드나 미국 영화에서 보아 온 미국식 교회의 느낌이랄까?! 신자석의 한쪽 벽면은 우드톤으로 따뜻하고, 방음판으로 마감하여 주변 건물에 소음 피해를 줄였다. 개인적으로 가장 맘에 드는 곳은 소성당이다. 내가 기도하기에 제일 선호하고 편안하게 느끼는 공간은 크지 않고 살짝 밀폐감이 있으면서 방음이 잘 되는 진공의 느낌, 바로 여기다. 그래서 나의 도구는 무엇인지? 나의 망치는 무엇인지를 기도로 청하고, 내가 해야 할 일이 무엇인지? 알아차리고 잘해 낼 수 있기를 청하였다.

14. 우펑 霧峰

성 요셉 성지 聖若瑟朝聖地

 '우펑 霧峰'이라는 지역은 대만 문화의 발상지이자 정치의 중심지다. 그 시작은 대만에서 "하늘 아래 쌍벽을 이루는 임가 林家"라고 불리는 우펑 임가 霧峰林家가 있기 때문이다. (다른 하나는 타이베이에 반치아오 임가 板橋林家) 대부호가 살다 보니 자연스레 다양한 각계각층의 방문객이 많았고, 상권도 활발해졌다. 그들의 집은 정부가 사적지로 정하여 복원하고 정비해서 깔끔한 역사 문화 관광지가 되었다. 그래서 성 요셉 성당 반경 5km 이내에 전통, 문화, 교육, 정치 등등의 시설이 배치되어 활기가 느껴진다.

1952년 타이중 台中 교구가 승인되어 메리놀회 차이원싱(蔡文興 Willam.F.Kupfer) 신부님이 초대 주교로 임명되었다. 행정구역상 여섯 개 지역을 맡아야 하다 보니 100여 명의 사제와 선교사 등을 초청했고, 그때 지아쩐동(賈振東, Jacques Amand Joseph) 신부님이 비어있던 임가네 저택을 후손에게 사용 승인을 받아 터를 잡았다. 대저택인 만큼 성당, 강의실, 숙소 등의 공간 활용도 매우 좋았기에 현지 선교사 양성에 중점을 두었다. 남, 여, 원주민으로 나눠 3개 반을 4개월 과정으로 숙식 제공으로 운영했고, 대부분의 비용은 지아 賈 신부님의 여동생이 보내준 후원금으로 충당했다고 한다. 그렇게 우펑 霧峰을 기점으로 난터우 南投縣 지역에 선교가 이루어졌다.

장기 사용을 위해 1954년 토지와 건물을 구입해서 1977년 교회 건축을 계획해서 1978년 3월에 축성되었다. 견고하게 잘 지어진 성당은 1999년 9월 21일 지진에 주변 토지, 벽이 무너졌어도 성당은 형태를 유지했지만, 안전상 보이지 않는 내부 손상이 우려되어 2006년 3월 18일 지금의 모습으로 신축했다.

주보 성인 : 성 요셉
주소 : 台中市霧峰區民生路80號 ｜ 전화 : 04-2339-1481
평일 미사 : 화~금 07:00 (國語) ｜ 주일 미사 : 일 09:00 (國語)
https://www.catholic-tc.org.tw/masstimedetail.php?No=249

시장에서 간단한 점심을 먹고 체리 한 박스를 사서 후식으로 먹으며 **타이중 台中 쌍스루 雙十路 15.'파티마 성모 주교좌 성당 성지** 法蒂瑪聖母主教教堂聖地'로 이동했다. 공업 신도시로 재정비되어 차선도 많고 깔끔한 직선형의 도로다. 그러나 목적지에 다 와서는 일방통행에 가로수가 우거져 누가 봐도 사거리 모서리에 잘 보이는 성당을 초행길이다 보니 자꾸 지나쳐서 어렵게 찾아냈다. 토요일 오후인데 희안하게도 성당 주차장에 차량이 없고 인기척도 없다. 진짜 이 큰 성당에 아무도 없는 게 맞나? 편하게 보고, 기도하며 머물다 갈 수 있어 너무도 좋지만, 아름다운 만큼 설명이 있었다면 좋겠다는 아쉬움도 컸다.

성당 건물은 전체적으로 웅장한 철옹성 같고, 아치형 회랑에 있는 금칠로 된 철문은 중세 궁전의 대문 같다. 벽면에 모던하고 아기자기한 컬러풀의 입체감 있는 창문, 성당 입구의 현대적인 대리석 외벽과 아치형 유리창, 종루 꼭대기에 청동 모자상이 주교좌 성당의 위엄을 감각적으로 잘 보여 준다. 실내 광선과 제대 뒤에 목판으로 조각된 성화와 거대한 십자가 등등 왠지 많은 이야기가 있을 것 같은데 그 누구도 만날 수 없었기에 직접 자료를 찾아야 할 듯하다. 우리가 더 불편했던 것은 화장실을 가고 싶어서 온 건물을 뒤졌지만 찾을 길이 없었다는 것!

15. 쌍스루 雙十路

파티마 성모 주교좌 성당
法蒂瑪聖母主教教堂朝聖地

첫 번째 본당 신부님으로 임명된 리샤오탕(李紹唐, Lgnace Rybens) 신부님은 1966년 현재의 토지를 매입해서 유런초등학교 育仁小學를 세우고 성당과 숙소가 있는 2층 구조의 교회를 지었다. 원래 하나의 필지였던 토지는 1990년대 타이중시 台中市에서 교차로 용도로 매입하여 만든 것이 쌍스루 雙十路 도로이고 교회 부지는 둘로 나뉘었다. 리 李 신부님은 중국 선교 때 공산당에게 잡혀 감옥에서 고문을 받는 등의 투옥 생활 속에서 '레지오 마리애 Legio Mariae'의 도움을 받아 옥고를 극복할 수 있게 되어 적극적으로 타이중 台中에서 레지오를 알리고 활동하셨다. 그 뒤로 파견된 많은 본당 신부님들에 의해 신자가 늘어나고 교회는 발전하게 된다.

'주님 사제회 主徒會(Congregatio Discipulorum Domini)'의 까오스치엔(高師謙, Nicholas Kao Se Tsien) 신부님의 건의에 따라 1997년 파티마 성모 발현 80주년, 까오高 신부님 100세 기념으로 신축 계획을 했다. '주님 사제회主徒會'는 중국 첫 번째 교황청 대표로 임명된 깡헝이(剛恆毅,Celso Benigno Luigi Cardinal Costantini) 추기경님에 의해 중국인 사제로 구성된 수도회로 1931년 정식으로 승인됐고, 1949년 대만으로 이주했다.

신축된 교회는 500평 대지에 300명 정도를 수용할 수 있는 규모와 사거리의 랜드마크가 될 높이 6미터의 종탑을 설계했다. 또한 고딕양식의 아치형 입구 등의 디자인과 제2차 세계대전 이후 유럽 교회에서 유행한 비대칭 창문을 조합한 세련된 현대적인 성당이 2001년 완공되었다. 이후 2015년 프란치스코 교황으로부터 강복장 降福狀을 받으며 성지 聖地로 승인되었다.

제단 뒤에 걸린 십자가상은 대만에서 가장 큰 십자가로 높이 7.5m, 너비 4.5m, 무게 500kg이다. 십자가상 뒤의 벽화는 1917년 10월 13일 파티마 성모의 세 번째 발현인 '태양의 기적'을 스페인 국적의 의사이자 화가인 호세 마리아 푸얼카다 荷西·瑪利亞·富爾卡達 신부님이 유화로

그린 것이다. 모여든 많은 군중과 태양은 빠르게 회전하며 다양한 광선을 발산하고, 성모님이 '기념 성당을 짓고, 죄인들에 대한 회개와 용서를 잊지 말아라.'라고 당부하신 내용을 의미한다.

제단 우측에 봉헌된 파티마 성모는 스페인에서 구매했고, 건물 외곽의 종탑에 모셔진 청동 성모자상은 예수회 신부님이 디자인한 것으로 아기 예수님을 들어 올려 전 세계에 봉헌하는 모습이다. 또한 성모 동산에 모셔진 성모상은 벨기에서 보내준 '보랭의 성모(Notre-Dame de Beauraing)'이다. 또는 황금 심장을 가진 성모님이라 부르는데 1932년 11월 29일부터 1933년 1월 3일까지 보랭 마을의 5명의 아이에게 33번 발현하셔서, 1949년 교황청에서 공식 인정한 성모 발현 성지이다.

주보 성인 : 파티마 성모
주소 : 台中市北區雙十路二段115號.
전화 : 04-2233-5950
평일 미사 : 월~토 06:45 (國語)
주일 미사 : 토 19:30
　　　　　 일 07:30 / 09:30 (國語)
https://www.catholic-tc.org.tw/masstimedetail.php?No=239

그래서 이동하면서 자연스레 우리의 대화는 "왜 성당에 사람이 없는가?"가 되었다. 토요일 오후인데 무슨 행사가 있나? 문은 열려있지만, 도시이고 주교좌 성당이자 성지 聖地인데 누군가 안내를 해주면 얼마나 좋을까? 이 정도의 규모와 도시라면 자원봉사자도 많을 텐데, 성지로 지정한 성당들은 제발 성당 문이 열려있고, 해설사가 있다면 개인 순례객과 순례 여행을 하는 비신자들에게 많은 도움이 될 거라고 오지랖을 떨어본다. 이번 순례에서도 다시 찾아가기 힘든 지역의 아홉 번째 순례지였던 네이푸 소화 데레사 성지, 2023년 7월의 어느 토요일에 방문했던 쓰지아오팅의 루르드 성모 성지(28번으로 소개할 예정), 벌써 세 번이나 갔지만 한 번도 성당으로 못 들어간 우라이 파티마 성지(23번으로 소개할 예정)처럼 대문컷, 담장컷 당하는 것은 내가 사전 연락 및 정보를 확인하지 않은 것도 문제도 있지만, 닫힌 성당 문이 찾아온 사람의 마음도 닫히게 하는 것은 아닐지?

"길을 잃지 않은 아흔아홉 마리 양보다 오히려 그 한 마리 양 때문에 더 기뻐할 것이다." - 마태오 복음 18장 13절

그 한 마리가 언제 집에 올지 누가 알겠는가? 어렵게 용기 내어 왔는데 문이 닫혀 있다면, 용기를 쥐어짜서 문을 두드리는데 아무도 없고 열리지 않는다면…
대만에서 가톨릭 신자보다 도교 및 민간신앙의 신자가 늘어나는 것은 종교적 역사도 있겠지만, 어쩌면 도처에 있는 사원의 문이 언제나

열려있기 때문이라고 생각한다. 접근성이 좋기 때문에 대만 사람들은 때에 따라 보이는 사당마다, 혹은 지날 때마다 문 앞에서 빠이빠이 拜拜(합장하고 3번 정도 허리를 숙여서 하는 인사) 하는 사람도 있다. 또한 '라오징 遶境'이라는 가두 행렬을 자주 접하다 보니 친숙하고, 매체에서도 대대적으로 보도하기에 직간접적인 포교 효과가 충분하다.

▲ 베이터우 北投 도로에서 마주한 도교 가두행렬. - 라오징 遶境

수다와 함께 드디어 친숙한 지역, **미야오리 苗栗 16**. '로레토 성모의 집 洛雷托聖母之家'에 도착했다. 이곳을 처음 방문한 것은 2022년 3월 26일 비가 오락가락 억수로 쏟아진 날로 '하느님의 말씀회(Verbum Dei, 1963년 스페인에서 창립된 봉헌 공동체)' 주관의 도보 성지 순례였다. 80여 명과 15km 코스를 빗속에서 2만 6천 보를 걸었다. 이때 스스로 날씨 체크도 안 했지만, 가볍게 걷는 게 좋겠단 생각에 우산, 우비도 챙기지 않았다. 출발 때 조금 떨어지는 빗방울도 무시했다가 결국 물에 빠진 생쥐 꼴로 개고생하면서 완주했다. 불쌍한 내 모습이 진심으로 처량했는지 우비를 입으신 한 어머님이 자신의 우산을 빌려주셔서 그나마 병원 신세를 면했다. 나태함과 부족한 준비로 바보처럼 나만 그 시간을 즐기지 못해서 정말 슬펐다. '더 철저히 준비해라! 네 짐(십자가)의 무게를 스스로 판단하지 마라!'는 큰 가르침을 배웠다.

▲ 비탈진 언덕과 철대문의 틈새.
◀ 흠뻑 젖은 수중 도보 성지 순례.

두 번째 방문은 2022년 8월 9일, 나 홀로 성지순례 일주다. 평일이라 방문객이 다섯 명 정도였고, 은근슬쩍 관리하시는 분께 말을 붙여 보는데 바쁘신 것 같아 로레토 성모님 앞에 앉아 묵상만 했었다. 관리자 분께서 점심시간(12:00~13:30)이라고 문을 닫는다 해서 뒤쪽 소성당으로 걸어가 창틈으로 실내를 살펴보고, 다음 장소로 이동하려고 입구 언덕을 내려왔더니 글쎄 대문이 잠겼다. 아… 그 문이 대문일 줄이야~ 여는 방법도 모르지만, 언덕을 올라가 직원분들의 식사를 방해하기도 죄송하고, 나의 일정이 있으니 지체할 수도 없기에 방법은 하나. 단아한 내 몸매를 특기로 살려 틈새가 보이는 개구멍 탈출을 시도한다. 배낭을 문가에 벗어 놓고 하늘을 보고 등으로 기어 나오는 등 포복 스킬을 시전했었다. 그랬던 내가 자가용으로 왔으니, 얼마나 럭셔리한가?

숙소를 성지 내에 있는 피정의 집으로 예약했기에 저녁을 미리 편의점에서 준비해 왔다. 메뉴로 언제나 나의 스트레스 해소에 직방인 MSG 듬뿍 들어간 작은 컵라면 두 개와 붓기 방지를 위한 우유까지 샀다. 직원분에게 시설 안내를 받고 짐을 옮기고 먼저 성지를 둘러보고 숙소 거실에서 특별 허락받고, 준비한 저녁을 먹으며 양쌤과 긴 대화를 했다.

우선 깔끔한 신축의 훌륭한 숙소를 보시고 양쌤은 감탄하시며, 만만치 않을 비용일 거라 감지하시고 각방을 쓰는 것이 미안하다면 숙박비를 지불하시겠다 하신다. 역시 아니라고 사절했고, 함께 해 주셔서 묵을 수 있게 허락해 주셨을 것이고, 나 혼자 묵을 용기도 없기에 양쌤에게 오히려 감사하다고 했다. 또한 앞서 이야기한 개구멍 이야기도 하면서 뚜벅이 순례자가 자가용 끌고 왔으니 금의환향한 느낌이라고 전했다. (그 뒤로 한국 성지 순례 여행팀과 왔을 때는 솔직히 천군만마를 대동한 느낌이었다.)

이어서 어렵게 하시는 말씀은 우리가 대화를 하는 와중에 내가 양쌤에게 "뭔 말인지 알겠어요?", "알아들었어요?", "내 말의 의미를 알겠어요?" 등등의 말을 자주 했다고 한다. 내가 한국어를 가르치면서 학생들에게 습관적으로 하던 말버릇이기도 하지만 난 진짜로 내 의미를 이해하시는지를 묻는 거다. 내 중국어 실력이 내 생각을 100% 전달할 수 없기에 오해가 생길 수 있기 때문에 했던 질문이다. 서로 다른 문화와 생활 배경이 다른 사람들이 같이 프로젝트를 진행하는 것이고, 서로 바빠서 사전 대화가 부족했기에 재차 설명하고 확인했던 것이다.

서로 다른 생각과 마음에서는 서로 다른 해석이 나온다. 나는 우리 둘이 같은 마음이라고 생각했고, 양쌤과의 피정 등을 통해 양쌤이 나를 잘 알고 이해해 줄 거로 믿었다. 또한 영성 심리 치료사니까 척하면 알아서 내 마음과 생각을 읽고 행동 및 동의를 해 주실 거로 생각했다.

그러나 양쌤은 처음부터 이 프로젝트를 나의 대학원 논문이라 생각하셨고, 지도교수님이 현장 조사 숙제를 내준 것으로 생각하셨기에, 가벼운 마음으로 내 숙제의 도우미 역할로 따라와 전국에 있는 동창과 지인들을 만나는 의미로 참여했다가 나 홀로 준비한 기획에 나의 진두지휘를 받으려니 엇박자가 날 수밖에 없었다. 그러고는 대만에서 출판하는 업무들은 양쌤이 다 하셔야 한다고 했더니 생각지 못한 무거운 부담에 피하고 싶은데 비겁한 모습 같고, 증폭된 고민과 많은 내적 갈등으로 힘드셨을 것이다.

이렇게 이심전심 以心傳心이 아닌 이심불통 二心不通 하니 삐그덕거리는 것은 당연했다. 처음 같이 하면서 이상적인 베테랑 팀워크를 기대한 내가 너무도 어리석고, 양쌤에게 진심으로 죄송하다.

저녁 수다가 길었다. 나는 다시 성당으로 가서 아무도 없는 조용한 밤의 로레토 성모님과 독대했다. 남들이 환도 環島 방향을 바꾸라고 했던 9호 태풍 샤올라, 11호 태풍 하이쿠이의 위력과 경로를 우리의 일정에 지장 없게 해주심에 감사 드렸다. 냉담을 하던 예전의 나라면 '나의 운'이고, 우주의 기운이 나를 중심으로 움직인다고 자만했을 것이다. 그러나 지금의 나는 이 모든 것이 주님의 뜻이고, 주님의 일임을 너무도 잘 알고 있기에 눈물 나게 감사를 드린다. 태풍이 무서웠던 양쌤도 티키타카를 넘어 감정적 상처는 있으시겠지만, 태풍의 변화를 보고 기적이라 표현하셨다. 그리고 이 프로젝트가 주님의 뜻일지도 모른다고 생각하시게 주님께서 힘써주셨다. 또한 많지는 않지만, 우리의 환도 순례를 아시는 양쌤의 몇몇 지인들의 응원과 기도의 힘이라 느끼고 역시나 감사하다. 이 지인분들도 우리의 모험에 주님의 평화가 함께 하고 있음을 양쌤과의 안부로 체험하셨을 것이다. 이걸로 나는 충분히 기쁘고 행복했다.

그래서 나는 경험론, '백문불여일견 百聞不如一見'을 주장한다. 행동해 봐야 그를 토대로 나의 한계를 확인하고, 기도를 하게 된다. 냉담하면서도 어려움에 봉착되면 간절한 기도를 드렸기에 지금의 내가 있었고 새로운 도전을 할 수 있었다. 도전하고 경험하고 기도로 주님과 이야기하고, 주님의 언어를 듣고 주님의 뜻을 알게 되며, 주님의 도움으로 기적이 생기는 것이다. '그런데 왜 인간의 이야기는 안 들릴까요??'라는 생각과 침묵 후에 주루루루룩…….

"말을 알아듣는 것, 알아주는 것, 알아서 행동해 주는 것, 이 모든 것이 기적이다."

정수리를 얻어 맞은 듯 머릿속에 큰 울림이 있었고, 순간적으로 필름이 거꾸로 돌 듯 지나가다가 멈춘 곳이 2015년 12월 7일 월요일. 대만에 와서 중국어 벙어리, 귀머거리 생활을 시작한 지 일주일이 되었을 때, 보인대학교는 개교기념일로 어학당도 휴교라 수업이 없었다. 한국에서 가져온 여행책에서 소개한 베이터우 北投 온천과 맛집의 도장 깨기를 하려고 소개된 라면집의 문 앞을 서성이고 있을 때였다. 때마침, 라면 먹으러 왔는지 스쿠터에서 내린 대만 사람이 왠지 아쉬워하며 정기 휴일이라고 알려줬다. 그냥 가도 될 것을 누가 봐도 내가 배고파 보였는지 "같이 다른 집에 갈래?" 하고는 건네준 헬멧을 나는 어쩌자고 자연스레 받아 들고 처음으로 스쿠터 뒷자리에 앉았다.

그렇게 '니하오 你好' 안녕하세요! 밖에 못 하는 나에게 맛난 음식과 한국어도 모르면서 한국어도 된 여행책의 다음 일정까지 동행해 주고, 대중교통으로 두 시간 거리의 기숙사까지 스쿠터로 50분 만에 바래다줬던 착한 대만 친구. 처음 본 사람이고, 운전자이기에 뻘쭘한 내 손은 안전상 시트 뒤쪽의 프레임에 의지하고 긴장하면서 오느라 등 근육에 담이 왔던 코미디 같은 추억. 당시에 어학당 선생님들보다도 나의 옹알이 중국어를 가장 잘 알아듣는 사람이 이 친구(왕이 王怡)였다. 이유가 뭘까? 생각했을 때 친구는 아이를 길러 본 엄마로서 옹알이를 기다려 주고, 듣고 알아내는 인내심과 센스가 있었기 때문이라는 판단을 내렸다. 돌이켜보면 어쩌자고 처음 만난 친구를 무턱대고 신뢰해서 기숙사 방에 초대했고, 다음 날 또 만나서 놀았는지 참으로 미스터리하다. 아쉽게도 연락처가 사라져 연락이 두절됐고, 여기저기 수소문해 봤지만 역시 찾지 못했다.

▲ 나의 첫 대만 친구가 된 기념샷
2015.12.7 홍마오청 紅毛城.

이 역시 주님께서 보내주신 신호와 천사였음을 8년이 지나서 알아차리다니… 주님의 계획은, 기적은 언제나 함께했으며, 죽음에서 살아나는 극적인 불가사의한 것만 기적이 아니었음을 이제 알게 된 것이다. 매일을 살아가는 우리의 일상에서 우리는 흔하게 기적을 체험하고 살아가는 것이다. 그것을 각자가 아느냐 모르느냐의 차이였다.

"들을 귀 있는 사람은 들어라." - 마태오 복음 13장 9절

주님의 언어로 주님과 대화하기 위하여 우리는 이렇게 순례를 떠나는 것은 아닐까? 생각해 본다. 모처럼 마음속 깊은 곳에서 뚫고 나온 뜨거운 눈물로 깨끗이 정화된 행복의 참 평화를 느꼈다.

▲ 로레토 성지의 성모님과 바다를 건너는 내용의 황금 부조 벽화.

16. 먀오리 苗栗

로레토 성모의 집 성지
洛雷托聖母之家朝聖地

"로레토(Loreto)의 성가(聖家, Santa Casa)는 마리아께 봉헌된 최초의 국제적인 동정녀 마리아 성지 聖地이며 모든 그리스도인들에게 마리아 신심의 진정한 심장부입니다."

- 교황 성 요한 바오로 2세

성모 마리아님이 태어나고 예수님의 탄생을 예고, 잉태했던 장소는 성경을 통해서 알 수 있듯이 이스라엘 나자렛이다. 예수님이 베들레헴에서 탄생하시고 목수인 요셉과 어머니 마리아와 함께 이 집으로 돌아와 성가정의 모범을 보이며 예수님이 공생생활을 떠나기 전까지 생활한 공간이다.

"예수님은 부모와 함께 나자렛으로 내려가, 그들에게 순종하며 지냈다. 예수님은 지혜와 키가 자랐고 하느님과 사람들의 총애도 더하여 갔다." - 루카 2장 51, 52절

그런데 왜? 이탈리아 로레토(Loreto)로 옮겨졌는가?

1291년 십자군이 팔레스티나에서 철수할 시기에 천사들에 의해서 일리리아(Illyria : 지금의 발칸반도 中 크로아티아) 지방으로 옮겨졌다. 그 뒤로 다시 1294년 12월 10일 새벽에 지금의 이탈리아 동부 아드리아해 연안 로레토로 옮겼다. 고고학적 연구와 여러 문헌자료를 통해서 로레토 벽체의 벽돌 재료나 60여 개의 글자들(Graffiti)이 나자렛에서 발견된 것과 유사하다고 한다. 이렇게 지반의 기초 없이 지상에 약 3m 높이의 세 면의 벽이 9.4m × 4m 규모로 공간을 구성하고 있다.

그렇다면 어떻게 대만에 재현되었을까?

이곳은 1955년 메리놀회 탕루치(唐汝琪, Frederic Anthony Donaghy) 주교가 수녀원을 만들기 위해 차밭이었던 산을 구입했고,

1963년 "예수 성심 마리아 수녀회"를 설립하고 1968년에 작은 성당을 지어 시작했다. 지역사회에 봉사 활동 및 유치원 운영 등의 많은 공익 활동을 했고, 현대인에게 마음의 평화가 필요하다는 것을 알게 되어 영적인 공간을 모색하고 있었다. 당시에 타이베이교구의 디강 狄剛 주교가 한 달 동안 이탈리아 성지순례를 하던 중에 로레토의 집에 방문했다가 큰 감명을 받고 다른 교구 및 수도회에 제안했다. 마침, 왕리지엔 王立堅 원장 수녀가 소식을 듣고 고민 끝에 이탈리아 로레타로 가서 3일 동안 성모님께 기도를 드리며 허락하신다면 1년이라는 시간을 달라고 청했다.

그리고 건축가들과 함께 방문하여 측량과 수많은 사진을 바탕으로 거의 1:1 크기로 재현한 곳으로 2007년 3월 25일, 단구오시 單國璽 추기경님을 중심으로 50명의 신부님과 로마 바티칸 대사도 참석한 가운데 축성 미사를 드렸다. 이탈리아 로레토에서도 이를 축하하기 위해서 성석 聖石을 선물했고, 성지 聖地로 지정되면서 대만 로레토 성지는 로마 교황청에서 인정한 아시아 유일의 복제 성지이다. 또 다른 곳은 1631

년에 봉헌된 체코, 프라하의 로레토 성당으로 교황청이 복제를 승인한 '성모의 집'은 전 세계 두 곳뿐이다.

로레토 성모 조각상은 14세기 때 만들어졌고, 1797년 나폴레옹 군대에 의해 도난당했다가 톨렌티노 조약에 의해 다시 돌아왔다. 그러나 아쉽게도 1921년의 화재로 소실되었고, 교황 비오 11세의 주문으로 로마 바티칸 정원에 있는 레바논 삼목으로 새로 조각하였다. 레바논 삼목은 백향목 栢香木이라 하여 구약성서에 나오는 향이 좋고 주택 대들보로 사용하는 상록수다.

아기 예수를 안고 있는 성모님의 얼굴이 검은 것은 양초의 그을음이 오랜 세월 동안 묻었기 때문이다. 물론 대만 로레토 성모님은 재현한 것이다.

2021년 수녀회 창립자인 메리놀회 탕루치 唐汝琪 주교의 영성을 기리기 위해 22명이 숙박할 수 있는 2층 규모의 피정의 집을 완공했다.

주보 성인 : 로레토의 성모
주소 : 苗栗縣頭屋鄉頭屋村中正街20號
전화 : 037-253-524
개방 시간 : 매주 화~일요일 08:30~12시 / 13:30~16:30
    점심시간 12:00~13:30 (대문을 닫기에 출입 불가)
https://hcd.org.tw/pilgrimage/

16. 먀오리 135

| 날 짜 : 2023. 09. 03 (일) | 날씨 : 여행하기에 딱 좋은 적당한 흐림 |

주일 미사를 가기 위해 어젯밤에 미리 확인한 **신주** 新竹 **17. '성녀 소화 데레사 성지** 小德蘭朝聖地'로 이동하기 위해 숙소 밖으로 나왔더니 이 집의 멍멍이 세 마리가 전속력으로 달려온다. 양쌤과 같이 나섰는데도 한 녀석이 자꾸 내 바지를 물고 흔든다. 무서워하고 싫다 하지만 남의 눈에는 내가 엄살로 보이는 가 보다. 나는 10살 때 집에서 기르던 개에게 얼굴을 물려 마취 없이 흉터를 봉합했었다. 사나운 개의 눈알이 순식간에 내 얼굴을 집어삼킬 듯이 날카로운 송곳니로 바뀐 그 공포는 아무도 모른다. 그래서 나는 거의 울듯이 관리인에게 애원했고, 관리인의 명령에 개들이 후다닥 물러나서야 안심이 되었다. 고마운 마음에 어제 시장에서 사 온 체리 한 주먹을 드렸다. 다음을 기약하며 여유 있게 출발했는데 목적지에 거의 다 왔는데 아쉽게도 마을에 장례가 있어 도로가 막혀 돌아가야 했다. 대만은 아직도 장례식장보다도 좋은 날을 받아서 집에서 형편대로 원하는 날짜만큼 장례를 지낸다. 이 동네 거물이신지 막힌 길을 돌다 돌다 결국 8시 미사 시간이 조금 지나서 도착했다.

그러나 내 느낌에는 너무 조용해서 이상한데, 양쌤은 성가 소리가 들린다고 하시네?? 결국 문을 두드렸고 나오시는 수녀님은 기숙사에서 친하게 지냈던 반가운 베트남 국적의 황 수녀님이다. 연세가 많으신 베트남 화교 수녀님과 아침 식사 중이셨는데 여기에는 주일 미사가 없다고 한다. 내가 신주 新竹 교구 홈페이지를 통해 전화한 곳은 타오위엔 桃園에 있는 수녀회 본원의 성당이라는 것! 아… 이런 거 정말 싫다. 주소를 확인했어야 했다. 정확히 확인 못 한 내 부족함의 허탕을 무마하기 위해 얼렁뚱땅 자연스럽게 내 집인 양, 아침밥을 달라고 너스레는 떨었다. 황 수녀님도 뭐라도 더 주려고 바리바리 챙겨 들고 온다.

이 성지와 내가 사는 기숙사를 운영하는 "소화 데레사" 수녀회는 중국 선교의 아버지인 벨기에 국적의 뇌명원 雷鳴遠 Vincent Lebbe 신부님이 중국 허베이성  河北省에서 1929년 봄, "아기 예수의 데레사"를 주보 성인으로 설립된 수녀회이다. 그리고 1952년 대만에서 선교, 요양원, 유치원 등등의 다방면의 사회 복지 사업을 하면서 소화 데레사의 장미 비를 조용히 뿌리고 있다. 한국에서는 뱅상 레브 신부님으로 잘 알려졌고, 의료와 호스피스, 영성 심리 등으로 친숙한 시흥의 전.진.상 의원과 명동의 전.진.상

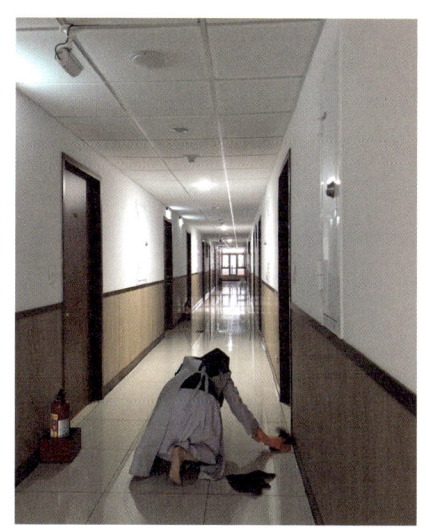 

▲기숙사 복도를 손수 걸레질하시는 수녀님의 정성.　▲아침 디저트로 주신 과일 : 미니 석가 釋迦.

영성센터(AFI 국제 가톨릭 형제회)이다. 명칭과 정신이 곧, 레브 신부님의 영성을 세 개의 한자로 농축한 것이다.

온전한 자아봉헌으로 진실한 사랑을 하면서 항상 기뻐하라!
全犧牲, 真愛人, 常喜樂 → 全真常 전진상

그래서 나는 기숙사의 일상에서 수녀님들이 전진상 全真常을 실천하는 모습을 쉽게, 자주 목격할 수 있다. 또한 코로나 백수 때 너무도 감사하게도 나의 기숙사 비용을 1년 동안 절반으로 할인해 줬었다. 황 수녀님과 양쌤은 대화하다 보니 앞에서 얘기한 독일 레이쌤의 '용천 교의 전례 연구 중심 학교'의 선후배 사이다. 나는 두 분이 편하게 동문회를 하시게 자리를 나와 성당의 곳곳을 탐험하듯 보충 촬영했다.

▲ 성녀 소화 데레사 성당 62주년 기념 제대 (2020.10.01).

17. 신주 新竹

소화 데레사 성지 小德蘭朝聖地

파리 국적의 청완리(程萬里 Rev. Jean Billot) 예수회 신부님은 1955년 중국에서 대만으로 건너와 이곳에서 선교활동을 했지만 많은 어려움이 닥칠 때마다 주님께 의지하고 선교 성인인 소화 데레사에게 길을 청하던 중에 꿈속에서 계시를 받았다고 한다. 그래서 1956년 해외에서 건축자금을 모금해 와서 현재의 토지를 구매하고 1957년 성녀 소화 데레사 성당이 완공되었다.

청 程 신부님은 중국에서 선교해서 중국어 소통은 문제없지만 이곳 대부분의 주민이 객가인 客家人이라서 객가어 客家語를 배우는데 노력하셨으며, 선교를 위해 교리반, 유치원 등등의 봉사활동을 펼쳤다. 결국 일손이 부족하여 1964년 소화 데레사 수녀회의 협조를 받아 내실을 다지게 되었다.

그러나 젊은 층이 도시로 빠져나가며 편리와 현대화를 추구하는 사회 풍조에 낡은 성당을 찾는 이는 줄었다. 그런데 마침 신주 新竹 교구로부터 성지 聖地로 등록되어, 대만 전국에서 모금된 금액으로 1995년 2월 19일 지금의 3층 규모의 성당, 피정의 집 등을 봉헌하게 되었다.

주보 성인 : 성녀 소화 데레사
주소 : 新竹縣寶山鄉新城村寶新路549號
전화 : 03- 520-2170
https://hcd.org.tw/pilgrimage/

신주 新竹 시외 터미널 근처에 있는 **동난지에 東南街 18. '가르멜 성지 加爾默朝聖地'**에 도착해 보니 활짝 열린 성당 문 안쪽에 미사 강론이 한창이었다. 잽싸게 조용히 자리에 앉아 아쉬운 대로 반쪽짜리 미사에 참여했다. 그리고 2023년 10월 3일 한국 가르멜회의 신주 新竹 수도원 개원식 행사와 관련하여 서창규 알로이시오 원장 신부님과 간단한 회의를 했다. 이 행사의 가이드를 맡으면서 출판에 대한 확신이 없던 이 책의 운명이 결정되었다.

그 뒤로도 나의 친정집같이 뻔질나게 자주 오는 곳이 되었다. 일과 휴식 또는 사람이 그리워서, 기도와 위로가 필요할 모든 순간에 오게 되었다. 아마도 대만에 처음 와서 어학당 선배로 인사했던 권상균 아우구스팅 신부님과의 인연 때문이다. 이분은 누구든 친정 오빠, 다정한 형 같은 미소로 기쁘게 반겨주시고 위로와 걱정을 함께 해 주신다. 보인대학교 종교학과 대학원 선배이기도 해서 나의 공부가 얼마나 어려운지도 잘 아시고, 일하며 공부한다고 대단치 않은 나를 대단하다고 우리 오빠도 안 해주는 칭찬을 아끼지 않으신다. 양상륭 도미니코 신부님과는 기적의 갈매기 여행사라고 대만에 오시는 가톨릭 신자분들의 일정을 함께 기획하고, 시인으로 등단하신 수도회 살림꾼인 요셉 수사님은 이 책의 제목을 같이 고민해 주셨고, 샘플만 보시고도 재밌어라고 내 글쓰기에 힘을 주셨다. 이렇게 가르멜은 어쩌다가 내 대만 생활의 든든한 버팀목이자 비밀의 화원이 되었다.

가르멜산의 성모 성지는 원래 성 베드로 성당이었다. 1954년 예수회 스리쩡 石立貞 신부님에 의해 성 이냐시오를 주보 성인으로 동산지에 東山街에 공사하여 1965년에 소성당으로 봉헌됐다.

그 뒤로 대만 성령 쇄신 운동(Catholic Charismatic Renewal)에 적극적으로 헌신하신 푸티엔이 卜天義(Rev. Joseph Borchard,SJ) 신부님이 지금의 동난지에 東南街에 성당 신축을 위해 독일에서 모금해 왔고, 이후에 본당을 맡은 스화싱 司化行 신부님이 공사를 해서 성 베드로 성당으로 위빈 于斌 주교님에 의해 축성됐다.

그 후로 1981년 성의회 聖衣會, 지금의 가르멜 수도회의 말레이시아 국적, 천펑 陳鵬(Fr. John Mary of the Cross) 신부님이 대만에 진출했고, 1984년 9월 신주 新竹 교구 협의회와 회의를 통해 인계했다. 그리고 성당 옆에 가르멜 남자 수도회를 설립하고 "가르멜산의 성모교회"가 되었다.

▲ 2023.10.03 한국 가르멜 수도회의 개원 미사.

수도회 정식 명칭은 "가르멜 산의 복되신 동정 마리아 수도회(Order of the Brothers of the Blessed Virgin Mary of Mount Carmel)"로 구약성경의 대 예언자 엘리야에서 시작된다. 교회가 혼란하던 12세기에 고독과 청빈, 무욕의 삶을 살려고 했던 사람들이 가르멜산에 남아 은수자 생활을 시작했던 것에서 유래된다. 수도회 형태를 갖춘 것은 1150년경으로 성 벨톨드(Belthold)와 은수자들이 성모 마리아님께 자신을 봉헌하면서 시작되었다.

성지 입구에는 가르멜 수도회의 수호성인인 성녀 예수의 데레사(대 데레사), 십자가의 성 요한과 성녀 소화 데레사의 포스터가 붙어있다. 또한 마당에는 신비체험에 따라 "영혼의 성"에 가까워지는 7개 궁방으로 이루어진 기도의 단계와 십자가를 설치하였고, 성당 내부에 화강암을 깔고 제대 뒤에 가르멜 산을 연상케 하는 삼각형 산에 감실과 십자가를 배치하여 가르멜 영성을 기억하고 실천하게 한다.

그 후 2014년 신주 新竹 교구를 통해 준성지 準聖地로 지정되고 2016년 12월 4일 정식 성지로 승인됐다.

2023년 10월 신주 교구는 가르멜 수도회 한국 관구와 협약하여 현재 한국 가르멜 남자 수도회가 본당 및 수도원을 운영 관리하고 있다.

주보 성인 : 가르멜의 성모
주소 : 新竹市東南街52巷28號
전화 : 03-561-3876
평일 미사 : 월~목, 토 07:00
주일 미사 : 토 19:30 / 일 08:30
영어 미사 : 일 17:00
라틴어 미사 : 매월 둘째 토 16:00
https://hcd.org.tw/church/06/

▲ 전문 목수가 되신 권상균 아우구스팅 신부님.

수도회와 교구의 인사이동은 수시로, 갑자기 진행되는 경우가 많다. 그래서 서울대교구 인가를 준비해서 재출판을 하던 1년도 안 된 시간 동안 동난지에 가르멜 성모 성지의 본당은 교구가 맡게 되었다. 권상균 신부님도 한국으로 파견되셨다가 25년 7월, 대만에 오셔서 신주 가르멜 수도원 업무만 담당하신다. 그만큼 어느 나라나 성소자가 부족하고, 연로하시기에 대체할 성직자가 전 세계적으로 시급한 상황이다. 대만의 사정은 더 좋지 않아서 2022년 기준 등록된 사제가 총 616명이다. (한국 2023년 기준 5,679명) 그중에서 대만 국적은 겨우 222명, 과반수가 외국인 사제로 중국 선교를 위한 중국어 학습과 중화권 문화의 이해를 위해 파견 되셨다. 물론 감소하는 신자들 속에 사제가 나오는 것은 더욱 희박한 대만의 사목을 위해 오신 분들도 계신다. 그래서 대만 교구 및 각 지역에 한국 신부님들도 20여 분 활동하고 계시다.

신주 新竹 시내, **시먼지에 西門街 19. '예수 성심 성지 耶穌聖心堂'**에 왔다. 2022년에 본당 업무를 하셨던 꼰솔라따 수도회의 김종현 베르나르도(한국) 신부님을 통해 성당 및 수도원 안쪽까지 찍어뒀지만 좀 더 나은 보충 컷을 찍고자 서성이다가 현재 케냐 출신의 본당 신부님을 만나 도움을 청해 보지만 방법이 없다고 하신다. 대신 전문가가 찍었다는 드론 사진을 몇 장을 받았지만 내것이 아니기에 패스한다.

점심을 먹는데 왠지 기쁘지 않다. 익숙함에서 오는 지루함? 7부 능선을 넘었다는 안도감? 피로? 뭔가 신선한 것이 필요할 시점이지만 그럴 것이 없다. 당장 오늘의 타이베이 숙소 일정을 앞당겨야 하기에 전화해서 변경과 취소를 요청해야 한다. 중국어를 마흔에 배웠기에 나에게는 여전히 힘든 언어다. 대면 대화라면 표정과 몸짓 등을 동원할 수 있지만 전화 대화는 듣기와 발음이 정확해야 한다. 그래서 통화할 때면 아무도 없는 조용한 곳에서 이어폰을 꽂고 초집중해서 하는 편이다. 그래도 내 발음과 표현을 잘 알아듣지 못하는 직원에게 어렵게 부탁하듯 예약한 것을 어제는 변경해 달라, 오늘은 결국 취소해 달라는 상황이 나에게는 상대에 대한 미안함과 적잖은 스트레스를 준다. 휴~ 한 번에 처리됐고, 난 또 기적을 체험했다.

미안하지만 난 중국어를 잘하고 싶지 않다. 8년을 살면서 나의 외모, 스타일, 입맛도 점점 현지화되고 있기에 발음과 표현에서 '이방인'이란 나의 정체성이 나타난다. 대만 생활 초기에 나는 식사할 때마다 일부러 성호를 그었다. 가톨릭 신자라면 당연하지만, 냉담했던 시절에는 성호를 긋는 의미도 몰랐고 왠지 부끄럽게 생각되었다. 그러나 워낙 가톨릭 신자를 만나기 어려운 대만에서는 외국인의 표시 같다는 생각에 열심히 하게 된 것 같다. 이 얼마나 나이롱 신자다운 발상인가?

19. 시먼지에 西門街
예수 성심 성지 耶穌聖心朝聖地

 신주 新竹에는 아름다운 성당이 꽤 많다. 그중에서 시먼지에 西門街 예수 성심 성지 耶穌聖心朝聖地의 성당은 건축 양식이 중화풍이다. 유동인구가 많은 중심지에 위치하여 일반인에게도 관광 및 포토존으로 환영받는 곳이다. 1965년 제2차 바티칸 공의회의 거룩한 전례에 관한 헌장 123에 의하여 성당 건축에도 시대와 민족, 지역의 미술이 존경받게 되면서 성화 聖畵, 건축양식에도 적용되면서 한국에서도 한옥 성당을 볼 수 있는 것이다.

예수회 소속의 보스안(柏世安 Fr. John Baptist Palm) 신부님이 1953년 현재의 토지를 구매하고 작은 월세방에서 시작하였다. 보 柏 신부님이 제안한 마태오 복음 5장 3절의 여덟 가지 복과 중화사상에서 말하는 팔복인 팔각. 크기가 서로 다른 3개의 건물은 믿음, 소망, 사랑을 상징하고, 삼위일체의 일치를 의미하는 일렬로 공간을 구성했다. 또한 중국 궁전식의 엄숙함과 친숙함을 통해 동서양 문화의 조화를 엿볼 수 있다.

건축 설계는 요우차오건축 有巢建築에서 맡았고 예수회 스방지 司方濟 수사님이 감독을 맡아 진행했고, 보 柏 신부님의 미국 가족과 신자들의 모금을 통하여 1970년 착공하고 1972년 6월 4일 성심 축일에 봉헌됐다. 물론 교회 내부의 색감과 장식, 조명 등등 중국 전통 예술을 바탕으로 예수회 레이완쥔 雷萬鈞 수사님의 지도아래 장식되었고, 창문 패턴은 중국 전통 회화의 대가인 리우허베이 劉河北 여사가 맡았다.

아쉽게도 60년 넘게 수고한 예수회 수도회가 신주 新竹 교구에 위탁했고, 지금은 꼰솔라따 선교 수도회(Consolata Missionaries : 1901년 이탈리아에서 선교를 목적으로 설립되어 '위로자이신 성모님 Virgin of Consolation')가 본당의 사목, 운영 업무를 맡고 있다.

성당 맨 끝 동의 지성소 至聖所 공간은 미사 때 열리고 성직자 외에는 출입 금지다. 김 신부님도 조심스러우신 것 같아 문을 안 열어 주시는 대신 시무실 및 금녀의 공간일 수 있는 사제들의 소성당과 2층 공동 휴게, 주방 공간을 안내해 주셨다. 마치 별책 부록을 펼쳐보는 느낌이었다. 공간 대부분이 너무 깔끔해서 머리카락이 떨어질까 조심스러울 정도다. 대박인 것은 주방 수납장에 사진 프린트를 붙여서 문을 열지 않고도 내용물이 확인되는 '정리의 달인' 솜씨를 엿볼 수 있었다.

주보 성인 : 예수 성심 ㅣ 주소 : 新竹市西門街165號
전화 : 03-525-1210 ㅣ 평일 미사 : 월~토 06:30 ㅣ 주일 미사 : 일 08:30
https://hcd.org.tw/church/02/

막히는 시간을 피해 타이베이에 가야 하기에 서둘러 신주 新竹 교구의 마지막 성지 관시 關西 20. '루르드 성모 성지 露德聖母朝聖地'로 출발한다. 좌우 방지턱 없는 좁은 다리를 아찔하게 건너 주차 후 차 문을 여는 순간, 문짝이 날아갈 듯 정신없이 세찬 바람이 불어닥쳤다. 워낙 바람이 많은 곳이라 자동으로 바람머리 스타일이 되고, 풍력 발전소가 많은 신주의 일상적 바람인지? 태풍의 영향인지? 모르겠지만 싸늘해서 옷을 여몄다. 이곳에 파견되신 한국 외방 선교회 수녀님들은 10시 미사를 끝내고 주베이 竹北 본당 70주년 행사에 참석하셔서 부재중이다.

2022년 나 홀로 성지 순례 첫 번째 방문지로 신주 新竹, 나자렛 피정의 집(마리아의 전교자 프란치스코 수녀회 FMM 운영)에서 3일 동안 휴식 겸 피정을 마치고 8월 8일에 왔었다. 대만에서는 중국어 발음상 숫자 8과 아빠의 '빠' 발음의 유사성으로 아버지의 날로 지정된 기념일이다. 한국이 5월 8일 어버이날로 통합해서 하는 반면, 대만은 남녀, 부모의 평등성이 느껴지는 것 같다. (참고로 어머니의 날은 특정일을 지정하지 않고, 매년 5월 둘째 주 일요일의 공식으로 2024년은 5월 12일)

FMM의 유혜정 마리나 수녀님과 함께 방문하면서 이곳에 파견되신 '한국 외방 선교 수녀회(MSK)' 엄춘덕 크리스티나, 김면정 노엘 수녀님들과 인사를 하게 되었는데, 감사하게도 나 홀로 순례의 안전과 은총을 위한 첫 기도에 봉헌할 꽃다발을 준비해 주셨다. 내가 뭐라고 이런 대접을 받을 뿐 아니라 함께 삼종기도와 성가 238번 '자모신 마리아'를 함께 부르며 나의 순례를 응원해 주셨다. 얼떨결에 따라 부르는 익숙한 멜로디와 자동으로 입에서 튀어나오는 가사 말이 너무도 놀라웠다. 소싯적 세포가 기억하는 힘이자 같이라는 공동체의 힘이라고 생각한다. 그래서 중국어를 몰라도 익숙한 선율의 성가 덕분에 대만 미사에 금방 적응했는지도 모르겠다. 아무튼 수녀님들의 수고와 기도로 8월 16일까지 9일간의 순례를 무탈하게 성공적으로 마무리했었다. 그날의 찜통더위를 한국 아이스크림으로 달콤하게 식혀주셨고, 이곳 성지 聖地에 관련된 이야기도 아직 귓가에 생생하다.

오늘은 그 좋으신 분들과 인사를 못해 못내 아쉽다. 그래서 아무도 안 계실 거로 생각하고 편하게 제단 앞으로 가는데 안쪽 탕비실에 인기척이 있어 빼꼼히 훔쳐보니 할머니가 뭘 준비하셔서 인사를 하니 성수 聖水 두 병을 주신다. 수녀님께서 부탁하셨냐? 물으니 아니란다. 오셨으니 그냥 주시는 거라고 감사히 받아 들고 어슬렁어슬렁 다니는데 좁은 골목에서 또 할머니가 보인다. 신부님 제의를 빨고 계셔서 관리하시는 직원이신가 했다. 알고 보니 금, 토, 일 봉사하시는 분이라고 한다.

나에게 신주 新竹는 한국 수도자분들이 많이 계셔서 자주 왔던 곳이고, 양쌤에게는 학창 시절에 거주했던 곳이라 비교적 짧은 시간만 머물다가 타이베이로 향한다.

▲ 날씨보다 더 맑은 마음의 노엘, 마리나, 크리스티나 수녀님들.

20. 관시 關西

루르드 성모 성지 露德聖母朝聖地

신주 新竹 루르드 성모 성지는 관시 關西에 호랑이산 老虎山에 자리 잡고 있다. 신주의 가톨릭은 학문과 사도적 열성의 예수회(Societas Lesu)라는 수도회와 관련이 깊다. 예수회도 여느 수도회와 마찬가지로 중국이 중화 인민 공화국이 되면서 금교령이 떨어져 1951년 미국 국적의 무위차이(牧育才, Rew. Edward Murphy, S.J.) 신부님이 대만에 오면서 흩어진 예수회 신부님들을 대만에 모았다. 이후 반세기 동안 579명 이상의 예수회 신부님들이 주님과 대만을 위해 헌신을 다하셨다.

특히 이곳은 1958년 5월에 예수회 캐나다 국적의 거민이 葛民誼 신부님의 건의로 프랑스 루르드 성모 성지를 모방해서 설계, 시공되었다. 그 후 이탈리아 국적의 만스치엔(滿思謙, FR. Marsecano) 신부님이 수리했고, 1976년 캐나다 객가인 客家人이라 불리는 껑티엔다오 耿天道 신부님의 모금 활동을 통해 가파른 계단으로만 올라왔던 순례길을 보다 많은 순례객과 방문자를 위해 도로, 주차장 등의 편의 시설을 갖추었고, 신주가 바람이 많은 지역적이라서 고정된 시멘트 타일 의자를 설치했다.

지금은 한국에서 1975년에 설립된 '한국 외방 선교 수녀회(MSK:Missionary Sisters of Korea)'가 관리하고 있다. 성모 동굴 옆에는 노아의 방주 모습처럼 십자가를 높이 앞세워 돛을 펼치는 듯한 서양의 고딕 양식과 중국 전통 8각 양식이 어우러진 성당이 1954년 12월 3일에 봉헌되었다. 길쭉하게 뚫린 창을 통해 채광과 통풍이 좋지만, 스테인드글라스는 비싸기에 수녀님들이 한국에서 성화 聖畵 모자이크 필름 시트를 공수해서 투명창을 장식했다. 물론 뜨거운 햇살에 퇴색되겠지만, 지금은 충분히 제 몫을 다하여 아름답고 따뜻함을 연출한다.

성당 옆에 있는 성가정 동산과 성지 聖地를 올라오는 계단 난간에는 자세히 살펴보면 묵주기도 5단이 엮여있다. 아마도 프랑스의 루르드 성모님께 기적을 청하듯이 이 성지를 들어옴과 머무는 시간을 모두 성모님께 의탁하라는 의미는 아닐지 생각해 본다.

주보 성인 : 루르드 성모
주소 : 新竹縣關西鎭水坑5號之1
전화 : 03-586-9303   주일 미사 : 일 10:30
https://hcd.org.tw/pilgrimage/

▲ 풋풋한 청춘의 기억 - 그림 : 양수방 楊淑芳

서둘러 신주 新竹를 빠져나와 타이베이 외곽인 **신베이시** 新北市 **투청** 土城 21. '**성 안토니오 성지** 聖安多尼朝聖地'에 도착했다. 이곳을 2022년 8월 주일 미사에 참석했을 때 교우분들이 반갑게 맞이해 주셨고, 찐위웨이 金毓瑋 신부님의 학생이라 하니 더 기쁘게 맞이해 주셨다. 그때의 느낌을 예상하고 왔는데 닫혀있는 정문에 바로 앞 차를 따라 우리도 그 옆에 주차했다.

다행히 앞 차주가 성당 문을 열기에 쪼르륵 따라 들어갔고, 두 명의 자매님이 방문 사유를 묻길래, 성지순례라고 답을 하니 환영의 미소와 함께 누구와 연락하고 왔느냐 한다. 앗! 이곳 역시 주일 미사 후에도 성당이 열려있는 것이 아닌가 보다. 조금만 늦었어도 또 대문 컷을 당할 상황이었는데 다행이라 생각하며, 지난번에 라인 LINE 친구 추가를 해둔 사목 위원을 말씀드렸더니 프리패스처럼 편하게 기도하라고 하신다. 예전과 달라진 모습을 찾고, 앉아서 묵상하고 싶지만, 두 분의 퇴근을 방해한 것 같아 서둘러 나왔다.

▲ 안토니오 성인의 두피 유해.

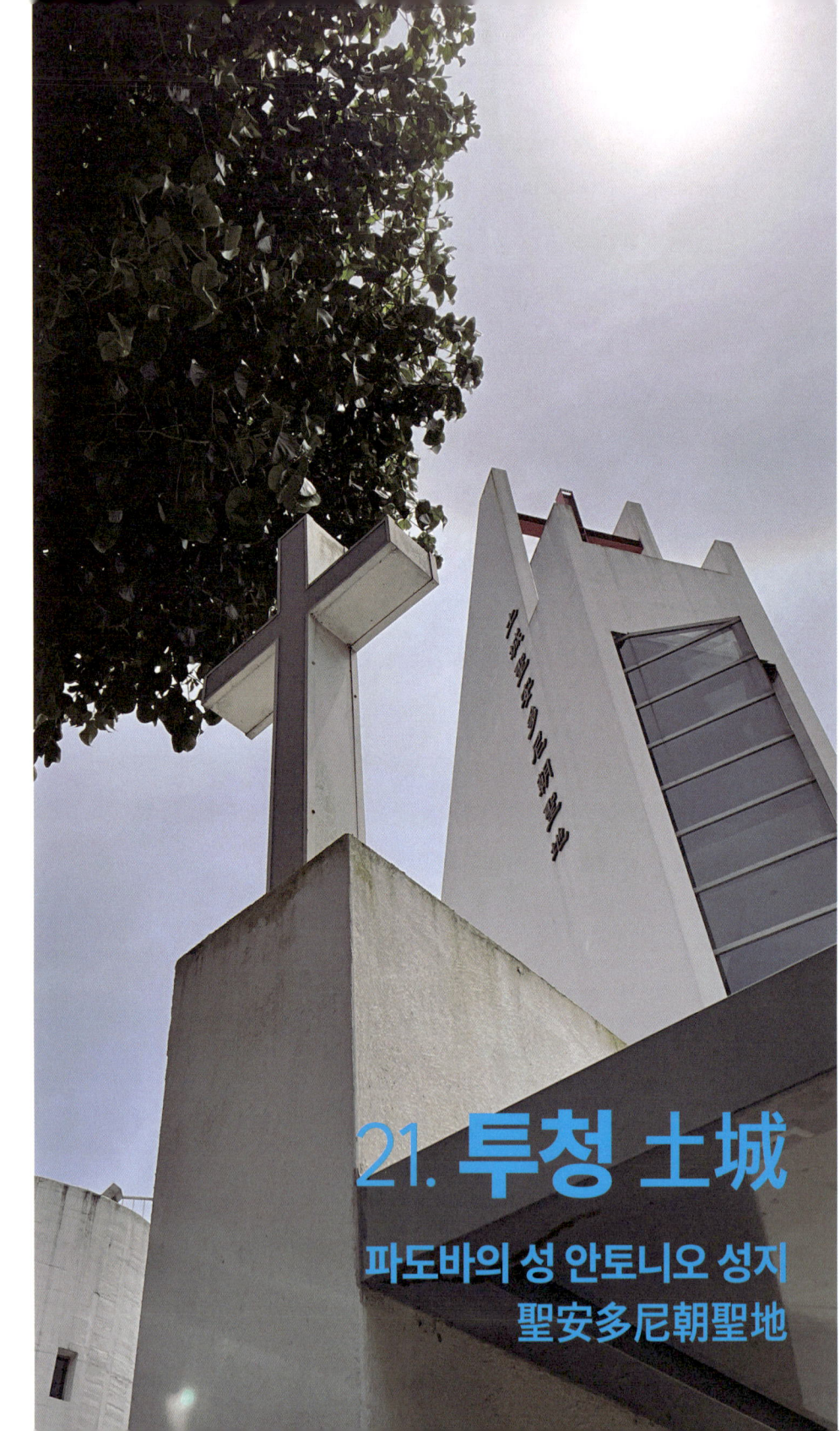

21. 투청 土城
파도바의 성 안토니오 성지
聖安多尼朝聖地

딩푸 頂埔 지역은 중국에서 국공내전 이후 장개석 총통과 함께 넘어온 군인들의 집성촌 중의 하나이다. 이들이 대륙에 있는 가족들에 대한 걱정과 그리움에 사무치고 있던 중화민국 50주년의 1961년에 티엔껑신 田耕莘 추기경님은 이들을 위로하기 위해 성당을 지었다.

군인들은 퇴역하고 노령화가 되면서 1986년 이후로 신자 수가 줄어들면서 토지 매각에 대한 논의도 있었지만, 이를 안타깝게 생각한 껑완리 耿萬里 신부님이 1989년 퇴직하고 봉사직을 자청하여 파견 오셨다. 껑 耿 신부님은 투청 土城 성당이라고 명칭을 바꾸고 복음화 사업의 지역과 분야를 더 넓혀 미사 참석자도 점차 증가하게 되었다. 그래서 껑 耿 신부님은 '교회의 박사'로 불리는 안토니오 성인에게 더 나은 설교로 신자들을 위로할 수 있기를 늘 기도로 청했다고 한다.

그 소식을 접한 슈잉파 徐英發 주교님은 이를 격려하기 위해 로마에 가서 파도바 Padova의 성 안토니오의 유해를 요청했다. 마침, 로마에서 유학 중이던 찐위웨이 金毓瑋 신부님의 도움으로 성인의 두피를 순조롭게 받아 지금의 성당에 잘 모셔지게 되었다. 그렇게 설교의 달인이자 분실물의 수호성인을 통해 잃어버린 내적 갈증을 찾기를 바라는 마음과 아시아 최초로 안토니오 성인의 유해가 모셔진 의미로 타이베이 교구에서는 1998년 성지 聖地로 지정했다. 그리고 새롭게 신축하여 2019년 6월 15일 지금의 모습으로 축성됐다.

분실물을 중국어에서는 그냥 실물 失物 Shīwù라고 한다. 성인에 대해 모르고 처음 들었을 때 나는 음식물의 식물 食物 Shíwù로 들었기에 "오.. 정말 중요한 성인이시네요!"라고 대답했었다. 추임새로 나쁘지 않았지만, 그때 들은 Shiwu가 분실물이라는 것을 이제서야 알고 부족한 중국어를 반성하게 됐다.

'그리스도의 빛 - 빛의 성전'이라는 주제로 채광을 중요하게 생각했다. 건물은 복도를 기준으로 종교학자 엘리아데 (Mircea Elisfe)가 말한 성 聖의 공간과 속 俗의 공간으로 분리했지만, 나란히 배치하여 역할을 구분 짓되 언제든 쉽게 성 聖의 공간으로 진입할 수 있는 오픈형 아치 벽으로 실용적이면서 현대적인 감각을 보여줬다.

전체적으로 깨끗한 하얀색 실내에 스테인드글라스로 제대를 기준으로 오른쪽 벽은 일곱 성사, 왼쪽 벽은 십자가의 길을 디자인하여 다양한 크기로 다채로운 색을 입혀서 밋밋할 수 있는 흰 벽에 색감을 불어넣었다. 복도에는 추억과 정성의 손때가 남은 물품들을 진열하여 관람할 수 있게 했고, 옛 성당의 문과 성상 聖像들은 소성당에 배치해서 고향집 같은 푸근함 속에서, 평일 미사나 조용히 묵상과 기도할 수 있게 구성했다. 물론, 피정이나 단체 활동할 수 있는 공간도 충분하다.

주보 성인 : 성 안토니오
주소 : 新北市土城區中央路四段311號
전화 : 02-2268-3841
평일 미사 : 월~토 07:00
주일 미사 : 일 09:00 (國語) 18:00 (越南語)
매월 마지막 일요일 10:30(阿美族語)
http://www.st-anthony.url.tw/info.html

순조로운 도로 상황으로 예상보다 일찍 오늘의 마지막, **반치아오** 板橋 22. '**중화 순교자 성인 성지** 中華殉道聖人朝聖堂'에 도착했다. 보인대학교 천주교학과 학부 때 〈가톨릭 문물〉 수업의 과제로 방문했던 곳이다. 그때 수집해 놓은 자료와 촬영분이 많아서 묵상과 기도만 하고 출발. 그래서 오늘은 당일 최고 6개의 성지를 순례했지만, 위치상 밀집되어 있기에 개수에 비해 이동 거리는 141km밖에 안 된다.

22. 반치아오 板橋
중화 순교 성인 성지 中華殉道聖人朝聖地

    톈진조약으로 개항된 단수이 淡水를 통해 무역하던 청나라 말기에 여기 반치아오 板橋에 흐르는 다한시 大漢溪에도 선박이 운행되어 번화했다. 그때 궈뤄스 郭若石 주교님이 900여 평의 토지를 구매했고 중화풍의 궁전 같은 교회를 세울 계획을 했다.

    1951년에 마오쩐샹 毛振翔 신부님이 부임되어 창고동을 우선 짓고, 1960년에 80여 평의 신부님 숙소를 2층으로 만들고, 임시로 30평의 성당을 지었으며, 청년 활동 및 행정, 주방 등을 만들고 성당을 마지막에 지으며 완공되었다. 그리고 자신의 세례명을 수호성인으로 해서 1961년 3월 25일에 성 요한 성당으로 축성했다. 그리고 산업화, 노령화로 신자 수가 감소하고 노화된 성당의 개보수가 필요하던 시절에 인근 성당과의 합병 및 철거가 필요했다. 따라서 근처의 '중화 순교성인' 성당이 철거되면서 1997년에 이곳과 통합되고 명칭을 '중화 순교성인 성당'으로 변경하였고, 2013년에는 성지 聖地로 승인되었다.

중화 순교 성인은 1996년 교황 요한 바오로 2세에 시성된 중국에서 순교하신 121위다. 당시 중국인이 87위, 외국 선교사 34위 : 주교 24위, 신부 및 수도자 7위, 보조 수도자 1위, 수녀 7위, 평신도 76위이다. 그 중에서 19위 순교성인의 유해를 1945년 리우위성 劉宇聲 신부님이 모시고 대만에 왔다.

'성인의 유해 聖髑'는 세 개의 등급으로 분류되며 성인 신체의 일부는 1급, 의류와 모자 등은 2급, 성인이 사용했던 물품 등은 3급으로 나뉜다. 19위 성인의 유해는 1급이다. 유해함의 디자인은 8각형의 별 안에 3위의 유해를 모셨고, 숫자 8은 교회 내에서 제8일의 의미로 예수님의 부활과 복음에서의 여덟 가지 복 福도 상징한다. 그 중심에 소전 서체로 '신 神'이라 써서 주님을 중심으로 하단에 다른 16위 성인까지 함께 계심을 의미한다. 그리고 하단에 19위 성인의 이름을 기록했다.

주보 성인 : 중화 순교 성인
주소 : 新北市板橋區南雅西路2段25號　│　전화 : 02-2966-6446
평일 미사 : 월~토 07:00
주일 미사 : 토 20:00　│　일 09:00 , 17:00 (國語)
매월 1,3,4 주일 11:00 (英語)　│　매월 2 주일 11:00 (印尼語)
예수성심미사 : 매월 첫 금요일 20:00
https://taipei.catholic.org.tw/taipei/chi/deanery/50/

▲ 중국 순교 성인 121위의 벽화.

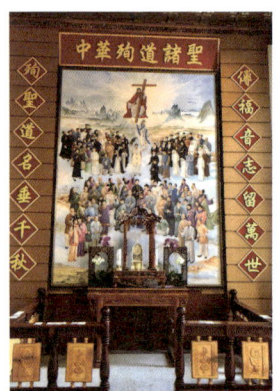  

계획한 일정에서 하루를 더 줄여 보려고 의견을 여쭈니 무리하지 말자고 하신다. 알지만 타이베이는 거리가 가깝고 대중교통을 이용할 거라 가능하다고 어필을 했지만, 태풍을 이유로 드신다. 더 고집부려서 충돌하고 상처 주고, 받는 에너지 소모할 상황을 일단 피한다. 나 역시 체력이 방전되어 가기 때문에 일단 다음 날 아침 상황을 보고 결정하는 것으로 마무리했다.

그렇게 도착한 숙소에 방 두 개를 이틀로 요청하고 건물로 들어서는 순간, 왠지 익숙한 느낌. 기억을 더듬어 2016년 처음으로 대만 가톨릭 행사 '선택 CHOICE'에 참석했던 곳이다. 대만에 온 지 4개월 만이라 정말 서툰 중국어로 '황석두 루카 외방 선교회'의 이진아 레베카, 이광수 가브리엘라 선교사님의 권유와 통역을 들으며 함께 2박 3일을 잘 마무리했었다.

일정 마지막 날에 고해성사하는데 처음으로 외국 신부님께 고해하는 거라 언어를 어떻게 해야 하나? 많이 고민하다가 그냥 한국어로 했다. 들으신 신부님이 중국어로 조금 가능할까요? 하셨을 때 망설임 1도 없이 불가능하다고 해서 많이 당황하셨을 것 같다. 그래도 다행히 보속 補贖은 알아들었다.

마무리 일정으로 100여 명의 참석자가 모두 강당에 둘러앉아 소감을 한마디씩 할 때, 중국어 벙어리인 나는 터질 듯 뛰는 심장을 부여잡고, 중앙으로 냅다 뛰어나가 말이 아닌 큰 손하트를 했다. 분명 내 말을 다 알아들었을 것이라고 믿는다. 지금 생각해 보면 낯 뜨겁고, 어찌 그런 용기가 나왔을지 의문이지만, 그 모든 것이 기적이었다고 이제는 자신 있게 말할 수 있다. 또한 내가 대만을 선택해서 온 것이 아니라 주님의 선택으로 내가 이곳에 왔으며, 체험하는 모든 것들이 주님의 사랑이라고 주저 없이 고백할 수 있다.

"내가 너를 구원하였으니 두려워하지 마라, 내가 너를 지명하여 불렀으니 너는 나의 것이다." - 이사야서 43장 1절

▲ 선택 (CHOICE) 행사에서 마음의 문을 여는 불꽃 열쇠와 말씀.

짐을 풀고 저녁을 드시자 했더니 양쌤이 컨디션이 안 좋다고 저녁을 거르시고 쉬신다고 한다. 식사를 거르실 분이 아닌데 괜히 미안하다. 내가 너무 강행군했나? 대화 속에서 내가 너무 많은 비판과 불평을 필터 없이 했나? 어르신을 모셔야 하는데 완주라는 목표와 운전대 잡은 수고를 한답시고 나를 모시게, 내 비위를 맞추게 한 것은 아닌지 자아비판을 하며 나를 되돌아보게 됐다.

홀로 나와 부슬비 속에서 뜨끈한 국물의 일본 라면을 한 사발하고, 맛이 괜찮아 포장해서 양쌤에게 드렸다. 나의 감기약도 같이 드리며 에어컨을 좀 끄고 주무시라 했지만, 글쎄?? 방으로 돌아와 언제나 그렇듯 제일 먼저 대충 빨래하고, 내일이 월요일인 관계로 성당 문이 잠겼을 것을 대비해 방문할 성지들에 연락을 취하고 하루를 정리한다.

날 짜 : 2023. 09. 04 (월)　　**날씨 : 생각보다 뽀송한 먹구름**

　이번 일정 중에서 처음으로 잠을 못 잤다. 너무 피곤했는지 렘수면 상태에서 누군가의 문 닫는 소리에 깼고, 태풍으로 창문이 무섭게 흔들리는 요란한 소리에 더욱더 잘 수가 없었다. 어찌 됐든 찌뿌둥한 상태로 2층 성당으로 내려가 6시 30분 미사에 참여해서 나까지 아플 수 없다고 간절히 기도드렸다. 미사 후에 양쌤이 친분이 있는 수녀님과 웃음 가득한 얼굴로 대화하는 것을 보니 컨디션이 좀 회복되신 것 같아서 다행이었다.

　대만의 태풍은 태평양에서 점점 더 세력을 키워서 오기 때문에 위력에 따라 대만 정부는 '팅커팅반 停課停班'이라는 긴급 안전 대책 휴일을 공지한다. 기억에 1년에 평균 1-2회 있었지만, 우리 일정과 지역에 발표된 것은 없다. 빗줄기도 심각한 상태는 아니어서 편의점으로 가서 우비와 일회용 비닐 장화로 무장하고 노점에 앉아 뜨끈한 죽 한 그릇을 먹고 **우라이 烏來 23. '파티마 성모 성지 法蒂瑪聖母朝聖地'**로 향했다. 보통 신디엔 新店 지하철역에서 버스로 갈아타고, 종점에 내려서 걸어가면 된다. 태풍의 비와 거센 바람이 부는 월요일 오전에 우라이를 갈 사람은 거의 없다. 그래서 텅 빈 버스에 한 자리씩 널찍이 앉아서 이어폰을 꽂고 음악을 들으며 휴식 겸 쪽잠을 잤다. 한참을 가던 중에 뒷사람이 내 어깨를 친다. 양쌤이 나를 불러 옆자리로 갔더니 엄청나게 불어난 계곡물을 보라고 한다. 음… 단잠이 깬 순간이라 어떤 반응을 해야 할지 몰랐다.

성지까지 두 줄기의 계곡을 지나가는데 태풍으로 불어난 황톳빛 흙탕물이 인정사정없이 내려간다. 확실히 자연의 힘은 인간의 영역이 아니다. 해발과 산세가 있어서 그런지 올 때마다 흐리거나 비가 왔던 것 같다. 처음 온 날도 부슬비가 내리는 흐린 날이지만, 입체적으로 눈에 띄는 푸른색의 성당 벽에 홀려 왔었다.

드디어 3번의 실패 후 4번째에 삼고초려하듯이 성당으로 입성했다. 방문 날짜가 평일이라면 성당 정문이 아닌 밑에 도로 쪽 1층에 보건소가 있고, 그 옆문의 벨을 누르면 직원이 문을 열어준다. 주일은 오전 8시 30분 미사 시간에 맞춰 가거나 미리 연락하고 방문하는 것이 좋다. 주일에도 왔었지만, 오후 1시였는데 아무도 없어 못 들어갔었다. 오늘은 미리 전화도 해뒀기에 친절한 직원분과 엘리베이터를 타고 3층에서 사뿐히 내렸고, 편하게 기도하라고 말씀해 주시며 자리를 비워주셨다. 곳곳을 살펴보고 성모님 앞에 초를 봉헌하고 오늘의 복음을 묵상한다.

"어떤 예언자도 자기 고향에서는 환영을 받지 못한다."

- 루카 4장, 24절

환영까지 바라진 않지만, 과연 한국에서 대만 가톨릭 성지에 관심이 있을까? 이 원고를 중국어로 번역, 출판하면 대만에서 관심을 가질까? 환영 또는 대가를 위해서 하는 것은 아니다. 출판된 책이 모두 개인 소장되거나 원고와 자료가 컴퓨터 하드에 박제되더라도 부끄럽지 않은 수준의 탈고를 할 수 있기를 인내와 지혜와 감각을 기도로 청했다.

▲ 11호 하이쿠이 태풍으로 불어난 계곡물 - 그림 : 양수방 楊淑芳

23. 우라이 烏來

파티마 성모 성지 法蒂瑪聖母朝聖地

우라이 烏來라는 지역은 청나라 때 한족에게 밀려 들어온 원주민이 거주하면서 구성된 행정구역이다. 16개의 원주민 중에 타이야 泰雅族 족이 세 개의 부락을 이루어 살면서 "뜨거우니까 조심해 Kiluh-ulay"라고 부족 언어로 당부하던 '조심해 Ulay'를 한자음으로 찾아 만들어진 지명이다. 그래서 이 지역은 뜨거운 물, 즉, 온천 지역이고 '미인탕'이라 불릴 정도로 무색무취의 pH7-8 약산성 탄산 온천으로 유명하다.

계곡이 깊고 높아 낙석의 위험이 많은 지역이기에 개발이나 선교의 손길이 닿기 어려웠던 1963년 방을 임대해서 시작했고, 1967년 살바토리안Salvatorianer 수도회의 오스트리아 국적의 모안더(墨安德, P.Adreas Mohr) 신부님이 파견되면서 본격적으로 선교가 시작되었다. 모 墨 신부님은 잦은 낙석 사고로 인한 영혼과 유가족 및 주민들을 위로하고자 산 정상에 커다란 십자가를 세웠다. 그리고 1972년 10월에 성당 건축을 위한 주춧돌을 쌓고 1973년 완공되어 성지 聖地로 축성 받았다.

노아의 방주 같은 선박 형태의 산비탈 대지를 잘 살려 모 墨 신부님이 디자인한 것으로 1층은 지금 긴급 의료와 지역 문화센터로 활용되고, 성당은 이 배를 이끌고 가는 선장실 같은 모습이고 앞마당은 마치 갑판의 모습을 하고 있다. 성당 정면에 타이야 泰雅族 부족의 특징을 살린 귀족의 옷을 걸치고, 얼굴에 문신(문면 紋面)을 하신 성모님이 이 큰 배를 이끄는 선장의 느낌이다. 둥근 아치의 월문 月門을 통해 들어가면 중화 전통의 팔각 형태의 공간이고, 중화풍의 붉은 색감과 전등

등으로 장식하여 전통과 현대, 동양과 서양의 문화가 콜라보 되어 조화를 이루고 있다. 그리고 궁전을 연상케 하는 목조 조각의 성체함을 중앙에 모셨고, 좌우의 측면 창은 길게 스테인드글라스로 성덕 聖德의 여정 진복팔단 真福八段이 그려져 햇살에 빛나고 있다.

성당 우측 비탈에 있는 3층 건물은 수도회의 공간으로 숙소 및 수도자 양성소로 활용했으나 점점 쓰임이 줄어들면서 현재는 교리반 및 피정의 집 등의 다용도로 사용한다. 이렇게 용도 변경을 하면서 20여 년을 우라이 烏來를 위해, 타이야 泰雅族 부족을 위해 헌신하신 모 墨 신부님을 기념하고자 건물 이름을 '모 신부님의 집 墨路的家'이라고 하여 그의 선교 정신이 영원히 남아있기를 기리고 있다.

참고로 2024년 1월 한국 국적의 박규우(朴圭雨, 토마스) 신부님이 파견되어 문이 열려있는 것은 물론 성체조배도 자주 할 수 있다고 한다.

2024년 8월 26일에 왔을 때, 진짜 문제없이 활짝 열린 문으로 들어왔다. 제대 위에 모셔진 보름달만 한 성체를 보고 공손히 무릎 꿇고 경배 드렸다.

주보 성인 : 파티마 성모
주소 : 新北市烏來區溫泉街90號 전화 : 02-2661-6335
평일 미사 : 월~토 07:30 월~목 19:30
주일 미사 : 토 19:30 ｜ 일 08:30
예수성심 미사 : 매월 첫 금요일 19:30
https://taipei.catholic.org.tw/taipei/chi/deanery/49/

버스로 우라이 烏來를 내려와, 지하철 초록 라인 종점 신디엔 新店에서 빨강 라인 종점 단수이 淡水로 향했다. 타이베이 동남 끝에서 북서 끝으로의 이동이다. 지하철에 앉아 음악을 들으며 졸면서 도착해서 점심 메뉴로 일본 덮밥 체인점에 가자고 하셔서 김치 어쩌고의 신메뉴를 주문했다. 기대했던 맛은 아니지만 오랜만에 찰진 밥알을 먹어 기뻤다. 나는 하얀 쌀밥이 좋다. 어릴 때부터 어머니께서 계절에 맞는 잡곡을 밥에 넣어 해주신 꺼칠한 잡곡밥보다 탄수화물의 포도당을 듬뿍 만끽할 수 있는 흰쌀밥이 맛있다. 그래도 좋은 거 다 때려 넣는 울 엄마표 잡곡밥은 우리 삼남매가 마흔이 넘은 지금까지 모두 크게 병원 신세 지지 않는 건강 체질로 만들어준 보양식이었다고 인정하고 있다.

대만에 와서 그 보양식 밥을 못 먹은 지 3년이 지났던 2019년 4월, 나는 알 수 없는 바이러스 감염으로 편도에 부종과 발열이 있어 보건소에 갔지만, 차도가 없어 보인대학교 병원에 갔었다. 내과를 거쳐 이비인후과 진료를 받는데 진찰실을 나가는 순간 우리의 책임은 없다는 의사의 한마디에 겁먹고 1주일을 입원했었다. 타국에서 홀로, 부모님께 말 못 하고 병원 신세를 진다는 것은 지독히 외롭고 불안함이었다. 남동생이 매일 보이스톡으로 병세를 체크하며 여차하면 한국으로 이송할 준비를 하고 있었다.

현실적으로는 신학 공부하러 오신 '인보 성체 수도회' 김지은 비비안나, 오윤녕 마리아 수녀님이 병문안과 기도를 해주셨다. 병원 사목의 홍완리우 洪萬六 신부님의 방문도 큰 위로가 됐다. 팔다리가 멀쩡한 나로서는 병원 안에 있는 성당

▲ 공부는 체력이죠~ 보쌈으로 몸보신 나들이 기념 : 비비안나, 마리아 수녀님.

과 층별 기도 및 묵상실을 탐방하며 온전히 나를 위한 쾌유 기도를 드렸다. 앗, 이때부터 나는 순례자가 되었나 보다.

든든한 식사 후에 7분 정도 걸어서 **단수이** 淡水 **24. '파티마 성모 성지** 法蒂瑪聖母朝聖'에 도착했다. 오기 전에 전체 수리할 거라 들었는데 아직은 아닌가 보다. 자금 마련을 위해 모금 활동을 하는 거 같고, 수리를 해야 할 만큼 오래됐다. 이곳을 처음 온 것은 2016년 11월, 기숙사의 베트남 수녀님과 앞서 말한 중국어와 신학을 배우러 오신 김지은 비비안나 수녀님과 왔었다. 그때만 해도 내가 수녀님들과 어울려 다닌다는 것은 전혀 상상도 못 했다. 태어난 지 29일 만에 유아세례를 받고, 10살에 첫영성체를 받고, 중1에 청소년 레지오 활동을 했으나, 중2 때 서울 중구에서 강북으로 이사를 가면서 자연스럽게 냉담의 길로 접어들었다. 어떤 계기? 이유?? 도 없이 그냥 친구랑 노는 게 좋았던 사춘기 시질이있고, 싱인이 되어서는 일을 핑계로 세속에 빠져 세상 혼사 잘 났다고 생각하며 살았다.

자리를 잡고 처음 왔을 때 드렸던 기도를 떠올려 본다. 대만에 와서 막 1년이라는 시간이 지났던 때라 배운 중국어를 써먹고 싶었고, 한국에 가고 싶지 않아 여행 가이드라는 업무를 시작하려 했던 그 시절 나의 기도… 지금 대만 생활 8년이 넘었으니, 그때의 기도는 이루어졌다고 말할 수 있겠다.

수녀원 기숙사에 살다 보니 1층 성당에서 미사로 하루를 시작한다. 더 부지런할 때는 아침, 저녁으로 성무일도와 성체조배도 하는 회개한 착한 양이 되었었다. 이렇게 신앙의 세계로 이끌어 주신 분이 바로 앞서 말한 김지은 비비안나 수녀님이고, "제가 아는 분 중에 자매님이 제일 하고 싶은 거 다 하고 사신 거 같아요"라는 명언을 남겨주셨다. 그렇게 신앙적 보살핌을 듬뿍 주신 수녀님들이 귀국하신 핑계로 지금의 나는 겨우 급하게 6시 반 미사에 참여하는 신앙적 뺀질이가 됐다.

첫영성체를 같이 받았던 초등학교 친구인 정상희 첼레스티나는 '바오로의 딸' 수녀님이 되었다. 대만에 와서 유난히 생각났지만, 연락처도 모르고 그리워만 하던 2017년 11월, 한국에 갔다가 명동에서 신나게 놀고 집으로 가던 4호선 지하철 안에서 바오로의 딸 수녀복을 입고 있는 수녀님에게 무턱대고 내 친구를 아느냐고 용기 내 물어보려던 순간, 나의 인기척에 고개를 돌린 수녀님이 기쁘고 반갑게 그 초딩의 목소리로 내 이름을 불렀다. 그렇게 만나 수도원이 있는 미아삼거리역에서 같이 내려 차 한 잔과 함께 수다를 풀며, 나는 3일 뒤 대만으로 친구는 한 달 뒤 미국으로 더 먼 거리로 떨어졌다. 초등학교 이후로 간간이 연락만 몇 번 했고, 연락이 끊긴 것도 거의 10년은 넘었을 텐데… 이 얼마

▲ 1983년의 어느날, 천사들의 첫 영성체, 어쩜 변함없는 첼레스트나.

나 영화 같은 만남인가? 그날, 그 용기가 아니었다면 우린 여전히 남남이었을 것이다. 그 뒤로 신앙의 무지렁이 같은 나의 엉뚱한 질문들에도 친절했으며, 필터링 없는 이 원고의 초고에 재미없다는 촌철살인을 해줘서 한동안 절망에 빠지기도 했다.

41세에 대만에서 견진성사를 받았다. 과연 나의 신앙이 더 견고하고 깊어졌을까? 그렇다고 말하고 싶다. 강해질 수 있었던 이유로 첫째, 매일 새벽 4시에 푸른 새벽하늘을 배경으로 작지만, 온기 가득한 주황빛 촛불이 비추는 어머니의 기도하는 실루엣은 언제나 간절했다. 이 모습이 내가 회심 回心을 하게 한 힘이라고 생각한다. 둘째는 맹모삼천지교 孟母三遷之教라 하지 않았는가? 내가 살고 있는 보인대학교 주변은 바티칸의 축소판이라 불릴 만큼 많은 수도회가 있다. 그래서 옷깃을 스치는 사람들이 수도자 및 가톨릭 신자들이기에 언제, 어디서나 미사와 기도를 할 수 있다. 또한, 다양한 언어로 다국 문화의 수도자를 만날 수도 있다. 그래서인지 나와 가족을 위했던 기도는 더 많은 사람이 행복해지길 바라는 이타심의 기도로 지향이 바뀌었다.

24. 단수이 淡水
파티마 성모 성지 法蒂瑪聖母朝聖地

1492년 스페인의 탐험가 콜럼버스가 아메리카 신대륙을 발견한 이후 유럽 열강은 해외 식민지화를 시작했다. 따라서 스페인은 1571년 필리핀 마닐라를 식민지로 하고 동아시아 무역의 중심지로 삼아 다른 섬들과 일본 선교를 목표로 했다. 그러나 네덜란드의 견제도 만만치 않아 거점을 대만으로 옮기고 일본과 수교를 맺어 필리핀을 공격할 계획을 세운다.

   그렇게 1592년 5월 스페인 마닐라 총독은 까오무시엔(高母羨, Juan Cobo) 신부님을 특사로 일본에 파견하여 도요토미 히데요시 豐臣秀吉와 수교를 맺길 바랬다. 하지만 도요토미 히데요시는 오히려 동남아를 정복하려는 야심을 품고 있었기에 수교를 맺지 못하고 돌아오는 길에 대만 북쪽 기륭 基隆 항에 정박했다. 그러나 아쉽게도 원주민에 의해 살해되어 순교하셨다. 그럼에도 불구하고 스페인은 남부 타이난 台南을 점령한 네덜란드를 견제하기 위해 1626년 북부 기륭 基隆의 작은 허핑섬 和平島에 산 살바도르 San Salvador 요새와 대만 첫 성당 제성당(諸聖堂, Todos los santos)을 짓고 통치와 선교를 시작한다. 그리고 1628년에서 단수이 淡水에 산 도밍고 San Domingo, 지금의 홍마오청 紅毛城 요새를 지었다.

   스페인 해군들과 함께 온 도미니코 수도회 마티니에(馬地涅, Bartolome Martinez) 신부님과 다섯 명의 선교사에 의해 이곳의 가톨릭이 시작되었다. 1628년 홍마오청 紅毛城 안에 로사리오 성당을 짓고, 서양 의학으로 원주민을 치료하면서 선교했다. 1632년 기륭에 있던 아이스치웨이(愛斯基委, Jacinto Esquivel) 신부님이 단수이 淡水에 파견되어 요새 밖으로 '로사리오 성모 성당'도 짓고 본격적인 선교가 시작되었다. 그러나 1638년 스페인은 홍마오청을 파괴하고 철수하면서 아쉽게도 6년 만에 선교가 멈췄다. 그리고 다시 온 것은 1859년 가오슝 高雄이었고, 200년이 넘는 세월 동안 단수이는 중국에서 한족이 와서 개척하고, 핑푸족 平埔族을 한족화 漢族化하며 장로교가 장악했다.

그래서 1889년 도미니코 수도회가 허안츠(何安慈, Celedonio Arranz) 신부님을 급파하여 다시 선교가 시작되었다. 그리고 일본 식민지를 지내면서 1906년 린마오차이(林茂才 Fr. Clemente Fernanes, OP) 신부님이 성당을 새롭게 짓고, 신자들이 교회에 모이게 되었다. 광복을 맞이하고 1948년 중국의 첫 번째 중국 수도회인 주도회主徒會가 대만에 와서 사목활동을 했고, 1949년 까오스치엔(高師謙, Nicholas Kao Se Tsien, O.C.S.O) 신부님이 주보 성인으로 파티마 성모로 제안하고, 1950년에 성지 聖地로 승인된다. 낡은 성당은 1962년 새롭게 완공되어 지금까지 사용하면서 60년이 넘은 세월 탓에 보수 및 신축은 불가피한 상황이라 기금 마련을 위해 한창 모금 활동을 하고 있다.

주보 성인 : 파티마 성모
주소 : 新北市淡水區中山路139號   전화 : 02-2620-4374
평일 미사 : 월~토 07:30
주일 미사 : 일 09:00 (國語)   11:00 (英語)   17:00 (越南語)
https://taipei.catholic.org.tw/chi/deanery/39/

다시 지하철역 쪽으로 와서 탑승 전에 당 보충을 위한 아이스크림을 하나씩 맛나게 먹었다. 덕분에 텐션이 조금 올라갔고 지하철을 타고 **스린 士林 25. '성모 기적의 메달 성지** 聖母顯鐵聖牌朝聖地'로 이동했다. 근처 즈산 芝山 역에서 도보로 17분인데 양쌤이 유바이크(UBike : 대만 공유 자전거)를 제안하셔서 요요카(悠遊卡 : 대만 충전식 교통 카드)를 이용해 빌려서 의자 높이를 조절하고 앞장서 달렸다. 태풍의 세찬 바람에 속도를 낼 수 없고, 순간의 강풍에 온몸이 휘청거려서 길가에 주차된 차에 충돌할 뻔한 아찔함도 있었다.

그러나 역시 한번 와 봤다고 이번에는 쉽게 찾았다. 월요일 오후, 여성 교우분이 너무도 간절히 기도하셔서 방해되지 않게 앉아서 기도 배틀을 한다. 태풍 속에서 개고생을 예상했으나 미스트 같은 부슬비에 감사드리고, 조금 호전된 양쌤의 컨디션에 더욱 감사드렸다.

25. 란야 蘭雅

성모 발현 기적의 메달 성지
顯靈聖牌聖母朝聖地

1625년 프랑스에서 창립된 라자리스트회(遣使會, Lazarists : Congregation of the Mission : C.M.) 수도회가 중국에서 타이베이로 1951년에 옮겨왔다. 그리고 1954년에 스린 士林 지역의 2층짜리 임대주택에서 선교를 시작한다.

1960년에 스린구 士林區에 파견된 왕저링 王澤靈 신부님이 1964년 란야 蘭雅의 토지를 구입하고, '란야 성 십자가 성당 藍芽聖十字架天主堂'과 숙소, 유치원 공사를 한다. 1966년 2월 13일, 첫 축성 미사를 통해 선교와 다양한 사목 활동이 펼쳐졌다. 그리고 2009년 노후한 성당에 대한 재건축 계획이 세워지면서 2011년 공사가 시작되었다.

당시 프랑스 '기적의 패 성당(Medaille Miraculeuse)'에서 성전 디자인 복제를 허락받아 2층 규모로 제단을 그대로 시공하기 위해 많은 연구와 노력을 했다. 3~7층은 사무, 활동, 숙소 등의 공간으로 빌딩 형태의 "성모발현 기적의 메달 顯靈聖牌聖母堂" 성당이 완공되었다.

"기적의 패"는 1830년 7월 18일 프랑스 파리 '자비의 수녀원'의 가타리나 라부레 Catharina Laboure 수녀님에게 처음 발현하였다. 밤에 잠에서 깨어 천사를 따라 성당에 들어갔는데 눈부신 광채로 성모님이 나타나셨다. 프랑스의 재난과 박해를 알려주셨고, 그대로 되었지만, 수녀원은 피해가 없었다. 그리고 11월 27일 묵상 시간에 커다란 지구 위에 뱀을 밟고 십자가가 꽂힌 작은 지구를 손에 들고 계셨다.

말씀과 함께 팔을 펼치니 타원형의 금빛 글씨가 나타났다.

"Ô Marie, conçue sans péché, priez pour nous qui avons recours à vous(오, 원죄 없이 잉태되신 마리아님, 당신께 의탁하는 저희를 위하여 빌어주소서)"

그리고 모양대로 메달을 만들어 착용하면 은총을 받을 것이라 말씀 후에 뒷면은 커다란 M(마리아) 위에 십자가가 있고, 아래의 왼쪽은 가시관이 둘러친 예수 성심, 오른쪽은 창에 찔린 성모 성심이 있었다. 테두리에는 열두 개의 별이 그려졌다.

가타리나 수녀님이 성모님을 뵙고 싶어 간절히 기도했던 12월 말경에 세 번째로 발현하셔서 메달을 만들라는 당부를 하셨다. 그렇게 2년 뒤에 제작되어 보급되었고, 많은 치유와 회개가 알려졌다. 가타리나 수녀님은 1947년 성녀로 시성 되었고, 유해가 전혀 부패하지 않은 상태로 유리관에 안치되어 파리 '기적의 메달' 경당에 안치되어 있다.

란야 蘭雅 "성모 발현 기적의 메달 顯靈聖牌聖母堂"은 2017년 1월 14일 성지聖地로 승인되었다. 따라서 제단 위 벽화는 프랑스의 '기적의 패 성당(Medaille Miraculeuse)'을 복제한 것으로 발현하신 성모님의 모습과 내용을 4개월에 걸쳐 담아냈다. 제대 중앙에는 지구 위에 뱀을 밟고 팔을 펼쳐 여러 가닥의 빛들이 흘러 나가는 성모님을 모셨다. 우측에 하늘을 보고 십자가 달린 금빛 지구를 봉헌하시는 성모상과 좌측에 성 요셉상 뒤편의 배경도 수천 장의 컬러 유리를 모자이크 방식으로 제작했다. 좌우 스테인드글라스는 라자리스트회 창립자이자 자선단체의 수호성인, 빈첸시오 드 폴 Vincent de Paul과 그밖에 중국 선교에서 순교하신 성인들로 디자인하여 두 달 정도 작업했다.

제단 밑에 기적의 패 모형의 우측 함에는 성녀 가타리나 라부레, 좌측 함에 성 빈첸시오, 성 요한 가브리엘 페르보이르 John Gabriel Perboyre, 성 프란치스토 레지 클레 Francis Regis Clet 성인의 유해가 모셔졌다.

주보 성인 : 기적의 패 성모 마리아
주소 : 台北市士林區德行東路202號 ㅣ 전화 : 02-2832-1337
평일 미사 : 월~토 07:00 금 12:15 (소성당)
주일 미사 : 일 10:00
예수성심 미사 : 매월 첫 금요일 19:30
http://www.lanya-shrine.org/

오늘의 마지막, **완화** 萬華 26. '성녀 소화 데레사 성지 小德蘭朝聖地'까지 택시로 이동했다. 결국 타이베이의 모든 대중교통을 활용한 순례였다. 성당이 생소할 기사분께서 흔쾌히 성당 마당까지 들어가 주셨다. 양쌤의 경험담 중에 이렇게 우연히 왔다가 세례를 받은 분도 있다고 한다. 어쩌면 이분도 오늘 처음으로 성당 문을 넘었을 수도 있다.

그만큼 대만 가톨릭의 인구는 지속적으로 감소하여 2022년 기준 22만 명, 대만 인구의 1% 미만이다. 신부님 한 분당 357명 정도의 신자 비율이고, 한국은 1,056명이다. 역시 소위 말하는 '밀가루 신자'도 있다. 대만에서는 '미엔빠오 麵包 = 빵 신자'라고 한다. 대만에 미사를 진행하는 성당은 대략 800개, 청년층의 부재와 신자들의 노령화로 70년 이상의 성당을 보수 관리할 인력도 재정도 부족한 것이 현실이다. 어느새 시니어 사목이라는 단어가 낯설지 않다. 이 현상은 비단 대만에만 국한되지 않고, 저출산과 전 세계에 확산하는 무신론과 탈종교화 문제로 모든 종교와 온 인류의 문제이다. 이런 이야기를 하는 내 모습이 꼰대 같아 때로는 슬프다.

도착한 성당은 대만에서 방문했던 성당중에 가장 소화 데레사다운 소박하고 아름다운 성상 聖像과 조경이 잘 어울어져 있었다. 성당 내부는 크게 다르지 않지만, 초등학생들이 한 둘씩 들어오면서 제단을 향해 인사를 하고 바로 2층으로 올라가는 장면이 자주 보인다. 알고 보니 종교를 떠나 경제적으로 어려운 가정의 아이들을 위한 돌봄교실이 있단다. 양쌤의 인맥으로 2층 교실에 가보니 15명 정도의 학생들이 4개의 반으로 선생님들과 수업하고 있었다.

26. 완화 萬華

성녀 소화 데레사 성지
聖女小德蘭朝聖地

벨기에 국적의 난화이이(南懷義, Theophile Verbist) 신부님이 중국 선교를 꿈꾸던 중에 1860년 베이징 조약 소식을 듣고 고아원 설립이라는 선교 방안을 가지고 중국에 왔다. 그러나 소규모로 움직이는 것이 어렵고 실용적이지 않은 것을 고려하여 1862년 성모 섬심회(聖母聖心會, Congregatio Immaculati Cordis Mariae : C.I.C.M.)를 창립하고 내몽골지역에 봉사와 사목활동을 시작했다. 그리고 중국의 박해와 공산화로 1954년 대만으로 이동했고, 매우 환영받았기에 서둘러 교리반과 어린이를 위한 주일학교를 만들어야 했기에 벨기에 국적의 바창밍 巴昌明 신부님이 일본식 주택을 구매해서 시작했다. 그러나 공간이 부족하여 타이베이 교구에서 지금의 부지에 있던 낡은 페인트 공장을 사들여 개조하고, 주보 성인으로 성녀 소화 데레사의 유해를 모신 성당이 1958년에 탄생하였다.

지역 특성상 맞벌이와 경제적으로 어려운 아이들이 많기에 수도회 신부님들은 보이스카우트를 창설하고, 성모 성심 수녀원에서는 여학생들을 위한 음악 밴드를 결성한다. 1964년에 파견되어 온 호우파더(侯發德 Fr. Marcel Goffart) 신부님은 중도에 학업을 포기한 청소년들을 포함한 모임을 운영하였고, 규모가 커져 100명까지 늘어나서 해체했다. 다시 소그룹으로 조직적인 운영을 하면서 스스로 참여, 봉사, 리더가 되면서 그리스도의 정신으로 서로를 섬기는 과정을 통하여 많은 인재가 배출되었다. 이렇게 왕성한 활동으로 증가하는 신자들과 노후한 건물로 새성당 건축 계획이 나오고, 1969년 9월 24일 완공되면서 성지 聖地로 승인되었다.

호우 侯 신부님은 시대의 부름에 맞춰 1997년부터 사교육 혜택을 받지 못하는 학생들을 위해 방과후 돌봄 센터와 수업도 신설했다. 그동안 청년 모임(Lay Leader formation team : LLFT)에서 양성된 평신도들이 교사로 운영과 교육을 맡고 있다. 그리고 2005년 전후로는 사회 복지센터와 연계하여 장애인과 독거노인 돌봄 활동도 하고 있다.

호우 侯 신부님은 80세 넘은 연세에도 성직자의 부족으로 몸이 고될지는 몰라도 여전히 기쁘게 현역에서 인재 양성 사목을 유쾌하게 하고 계신다.

주보 성인 : 성녀 소화 데레사
주소 : 台北市萬華區興寧街70號 | 전화 : 02-2306-3211
평일 미사 : 월~토 07:00
주일 미사 : 토 19:30 | 일 09:30
https://taipei.catholic.org.tw/taipei/chi/deanery/6/

오늘의 일정을 마치고 숙소 앞에서 저녁을 먹으며 남은 곳이 4곳이기에 내일은 숙박이 필요 없겠다 여쭙고 마지막 성지를 찍고 각자의 위치로 복귀하기로 했다.

원래는 마지막 성지에서 1박을 하고 일출과 정상까지 등산하고, 온천을 끝으로 헤어짐이었지만 둘의 컨디션으로는 어렵다는 판단으로 완주라는 결과에 만족하기로 했다.

그렇게 방으로 와서 몇 안 되는 짐을 챙기고 쉬고 있는데 양쌤이 방문을 두드리신다. 봉투를 주시면서 경비를 부담하시겠다 했지만 또 거절했다. 앞에서도 말했지만 '오히려 지불하신 금액을 제가 결제해 드리고 싶다고 했다. 무엇보다도 양쌤의 귀한 시간과 이 여정을 함께 해 주셔서 감사하고 수고비도 드리고 싶다.'라고 전하고 방으로 가시게 했다.

60세가 코 앞에 있는 어르신의 눈에는 시어머니처럼 잔소리하는 내가 철인이자 겁 없이 돌파하는 모험심 가득한 거침없는 여전사로 비쳤겠지만, 이완 혈압 평균 40mmHg인 내가 이렇게 파이팅하기 위해서는 많은 에너지를 써야 했다. 또한 수많은 내적 갈등을 통해 악역을 맡다 보니 지랄맞은 나의 성격은 국적을 가리지 않고 튀어나왔으며 이런 캐릭터를 자처하고 즐기는 걸 보니 난 악역이 체질인가 보다.

"나 너와 함께 있으니 두려워하지 마라. 내가 너의 하느님이니 겁내지 마라. 내가 너의 힘을 북돋우고 너를 도와주리라. 내 의로운 오른팔로 너를 붙들어 주리라" - 이사야서 41장 10절 말씀처럼 이번 여정의 의로운 오른팔로 양쌤을 파견해 주셨다고 믿는다. 그리하여 양쌤의 수고가 많으셨고, 정말 감사하다. 이렇게 이번 순례의 마지막 밤을 훈훈하게 마무리한다.

| 날 짜 : 2023. 09. 05 (화) | 날씨 : 시원 섭섭한 다크 그레이 |

일정 마지막 날의 아침이다. 미사를 드리고 서둘러 이동하려던 순간에 숙소의 양쌤 지인이신 수녀님이 식사하고 가라고 우리를 식당에 앉혀 놓고, 주섬주섬 가져다주셔서 감사히 든든한 아침을 먹게 되었다.

길이 막힐까 봐 서둘러 도착한 **시즈 汐止 27. '성 프란치스코 성지 聖方濟各朝聖地'** 최근 신축된 깔끔하고 현대적인 모습의 성당이다. 도착해서 주차장 문이 닫혀 있어 역시 허탕인가 실망하던 순간, 먼저 내리신 양쌤의 더 직진하라는 손짓을 따라 좁은 길로 진입해 마당으로 들어갔다. 1층 로비에서 몇몇 신자 분들이 미사 후 식사 중이었고, 교우 한 분이 반갑게 적극적으로 맞이해 주시며 기도하고 있으라 한다. 식사를 끝내고 설명을 해주시겠다며 너무도 열렬한 환대를 주셔서 덩달아 신이 났다. 잠시 후 3층 성당으로 올라오셔서 하나하나 설명해 주시는데, 역시나 설명을 들어야 하나라도 달리 보이는 법이다.

그러나 성당, 성지에 대한 공간의 설명보다도 우연히 세례를 언제 받으셨냐는 질문에 답하시는 이분의 신앙이 더 감동이었다. 남편의 병환으로 병원에서 간호하다가 남편이 알고 보니 냉담하던 가톨릭 신자였고, 투병과 임종까지 교우분들의 기도가 병마와 싸우는 남편과 가족에게 많은 위로가 되었다고 한다. 덕분에 평화의 안식을 맞이하는 남편의 마지막 모습을 보고 세례를 결심하셨다고 한다. 그래서 주님을 알게 된 것은 얼마 안 됐지만 신앙의 신비와 기쁨을 느꼈고, 너무 늦게 알게 된 아쉬움에 미련 없이 더 감사하게 나누며 봉사활동을 하신다고 한다. 듣는 내내 그분의 진심과 감동이 전해져 닭살이 돋고, 눈물을 떨굴 뻔했다. 아마도 신앙의 신비를 체험해 본 사람들이라면 느낄 수 있는 후회와 기쁨의 전율일 것이다.

▲ 뜨거운 사랑과 기쁨의 열정이 느껴지는 스테인드글라스.

27. 시즈 汐止

성 프란치스코 성지 聖方濟各朝聖地

1209년 아시시의 프란치스코 성인에 의해 규율이 엄격한 탁발 수도회가 창립된다. 17세기에는 '십자가의 길' 기도를 체계화하고, 가난한 이들과 병자, 특히 한센병 환자를 위한 돌봄과 설교를 중점으로 하는 수도회이다. 중국에 선교하러 갔다가 여의치 않은 상황으로 37세의 벨기에 국적인 왕이더(王以德,P. fr. Allard Coppens) 신부님이 1953년에 대만으로 파견됐다. 허름한 건물에서 선교를 시작하면서 지금의 주소에 있던 100년 된 일본식 이층집으로 옮겼다. 늘어난 신자들의 안전과 더 나은 환경을 위해 성당 신축은 불가피하였기에 1963년 3층 규모로 주보 성인을 수도회 창립자 프란치스코 성인으로 지정한 성당이 들어섰다. 당시에는 근방에서 제일 높은 건축물로 랜드마크 역할을 했고, 해성유치원(海星幼稚園)을 운영하면서 지역사회에 교육 및 만남의 장소로 친목 도모에 큰 역할을 했다.

그러나 아쉽게도 지대가 낮아서 비가 많이 올 때면 자주 침수됐는데 2000년 11월 샹산 Xangsane 태풍에 1층 천정까지 잠겼고, 2001년 9월 17일 16호 태풍 나리 Nari 때는 2층 바닥까지 침수되었다. 그때 흙탕물에 표류하던 성모마리아상은 기적처럼 깨지고 부서진 상처는 없었지만, 오염된 물로 아쉽게도 코팅과 색상이 벗겨졌다. 그 밖에도 귀한 문서 자료 등도 많이 소실되거나 훼손되었다. 허탈한 마음에 모든 신자의 논의 끝에 신축을 계획한다. 그래서 2001년부터 기금 마련을 위해

◀ 태풍 침수에 표류했던 성모 마리아.

티셔츠를 제작, 판매, 공연 및 바자회 등등의 모금 활동을 열심히 했다. 그리고 2016년에 착공하여 2019년 8월 17일 성지 聖地로 지정되어 감사의 축성 미사를 드릴 수 있게 되었다.

"그 도성은 하느님의 영광으로 빛나고 있었습니다. 그 광채는 매우 값진 보석 같았고 수정처럼 맑은 벽옥 같았습니다."
- 묵시록 21장 11절

복음 말씀을 모티브로 교회 설계를 빛나는 수정처럼 첨탑을 글라스로 했고, 천장 측면 창을 삼각형의 스테인드글라스로 시공해서 멀리서 보면 보석 같은 반짝임이 있다. 또한 건물은 3층이지만 성당 제단 위 첨탑까지의 천장 높이가 약 40m로 높고, 채광이 좋아 시간에 따라 다채로운 성령의 빛을 감상할 수 있다.

본당 신자들의 절반 이상이 원주민이기에 부족의 전통 무늬도 디자인에 반영되었고, 모든 교우가 하나 이상의 단체에 가입되어 있다 보니 중앙 홀을 기준으로 1, 2층에 각종 강의실 및 활동 교실이 원형으로 배치되어 있다.

주보 성인 : 성 프란치스코

주소 : 新北市汐止區大同路2段637號

전화 : 02-8691-7038

평일 미사 : 월~토 06:20

주일 미사 : 일 09:30 / 11:00 (阿美族語) / 18:00 (越南語)

https://taipei.catholic.org.tw/taipei/chi/deanery/75/

감동을 뒤로 하고 이동하여 도착한 **쓰지아오팅** 四腳亭 28. '**예수 성심 성지** 耶穌聖心朝聖地' 몇 달 전에 여기서 차로 20분 정도에 있는 허핑다오 和平島를 갔다가 왔을 때 문이 잠겼고, 통화도 안 되어 이번에는 사전 정보를 확인하고 왔다. 본당 신부님은 타이베이 교구의 업무로 자주 자리를 비우신단다. 그렇지만 오전 10 또는 11시 전에 도착하면 성당 청소 봉사를 하시는 신자가 계셔서 문이 열려 있고, 그밖에는 미리 문의해야 한다고 하셨다.

▲ 허핑다오 和平島 초입에 있는 대만 가톨릭 유적 발굴 현장.

허핑다오 和平島에 가면 1620~1630년대로 추정되는 대만 가톨릭의 가장 오래된 유적지로 "모든 성인의 성당 諸聖敎堂" 터가 있다. 스페인 식민지 시절의 선교 장소가 발굴과 복원되는지 생생한 현장을 만날 수 있다. 여기서 단수이 淡水 쪽으로 선교가 확대되면서 대만 북부의 가톨릭이 형성되었다.

빼꼼히 열려있는 대문을 열고 들어가 보니, 할머니 한 분이 대만 전통 작업용 고깔모자를 쓰시고 마당을 쓸고 계신다. 듬성한 치아에 선홍빛 잇몸을 시원하게 드러내시며 멋쩍은 웃음으로 맞이해주신다. 땀으로 흠뻑 젖은 꽃무늬 블라우스와 땀방울이 가득한 얼굴은 어떤 물광 메이크업보다도 더 아름다웠다. 말씀의 대부분에는 대만 방언 타이위 台語를 사용하시고, 윗니가 거의 없기에 치아 사이로 공기가 새어 나가는 발음이라 희한하게 뭔 말인지 알겠다.

"지금 말하고 있는 저들은 갈릴래아 사람들이 아닌가? 그런데 우리가 저마다 자기가 태어난 지방 말로 듣고 있으니 어찌된 일인가?" - 사도행전 2장 7-8절

역시나 같은 마음이면 성령의 힘으로 들리는 기적은 언제나 자동실행인가 보다.

▲ 환한 미소로 청소 봉헌을 하시는 할머니.

▲ 루르드 성모 동산.

나는 첫인상과 다르게 나는 서울 중구에서 태어나 평생을 서울에서 살아온 토박이다. 그런 나에게 시골의 외할머니는 일하는 외동딸(울엄마)의 수고를 대신해 집안일을 돕고 우리 삼남매를 보살펴 주시는 순박한 분이셨다.

종교는 다르지만 믿음은 같기에 부뚜막에 정안수를 올려놓고 정성을 다해 손바닥을 연신 비벼대며 굽은 허리를 더 낮은 자세로 굽신거리셨던 외할머니는 지랄맞았던 내 사춘기 시절의 화풀이 대상이셨다. 그 철없던 행동이 그때부터 지금까지도 어찌나 부끄럽고 죄스러운지 용서를 청하고 싶었지만, 이미 하늘에 가신 지 오래되셨고 그렇게 살아생전에 용서를 구하지 못했다. 그래서인지 임종 때도 흘리지 않던 눈물이 어쩌다 외할머니가 보고 싶어 울기도 한다. 오늘은 이 어르신에 오버랩되면서 사무치게 그립다.

우리 이정순 할머니 정말 미안했고, 진심으로 고맙고 사랑해요~

성당은 곧 70년이 되기에 낡디낡아서 페인트가 갈라지고 벗겨지고 있다. 그럼에도 빈티지한 색이 사진에서 강렬하고 선명한 이쁨의 매력을 뽐내고 있다. 어디나 그렇지만 여기도 미사에 참석해 보고 싶다. 공간이 주는 비움과 채움의 온도와 소리의 울림, 미사 때 우리와 함께하실 다른 듯 하나이신 주님을 느끼고 싶다.

28. 쓰지아오팅 四腳亭

루드르 성모 성지 露德聖母朝聖地

「쓰지아오팅 四腳亭」이라는 지명은 기둥이 4개인 정자라는 뜻으로 청나라 건륭 乾隆 황제 때 성씨 '랴요 廖'라는 사람이 토지 개간을 위해 원주민에게 토지를 구입했고, 지리적으로 타이베이 臺北와 이란 宜蘭의 중간지점으로 유동 인구가 많은 장점을 활용해 휴게소 같은 정자를 만들어 상업 활동을 했다.

북부 해안과 무역항구인 기룽항 基隆港도 가까워 왕래가 많은 곳이었다. 또한 일본 식민지 때는 주변에 탄광이 채굴되면서 석탄을 수송하기 위한 철도를 개통하였으며, 당시 연간 35톤을 수송할 정도였고, 진과스 金瓜石에서는 황금이 채굴되면서 골드러시를 이루게 되었다. 경제 발전은 대략 30여 년간 이어오다가 결국 1970년대 말에 모두 폐광되면서 폐허가 된 갱도나 시설 건축물들이 있고, 군사적 대포가 있던 유적지들이 남아있는 조금 황폐한 시골 마을의 모습을 하고 있다.

이곳에 가톨릭이 전파된 것은 1893년으로 거슬러 올라간다. 금 채굴로 유명했던 '장쩐더 張圳德' 가문이 청나라 관료 등과의 마찰로 어려울 때, 단수이 淡水 쪽에서 사목활동을 하시던 스페인 국적의 허안츠 (何安慈, Rev. Celedonio Arranz, 도미니코 수도회) 신부님의 도움으로 문제가 해결되었다. 헌신적으로 도와주신 허 何 신부님의 모습에 감동받은 장 張씨의 가족은 모두 세례를 받았고, 자신의 집을 선교 장소로 사용하게 하였다. 1930년 장 張씨 가족은 인근 지역으로 이주해서 새로운 선교소를 개설하여 선교사 활동을 했으며, 기존에 집은 1953년에 본당으로 설립되어 신축공사를 해서 1957년에 완공되었다.

목재로 되었던 문과 창문이 흰개미에 훼손되고, 지붕 누수 등등이 있어 1984년에 보수 공사를 한 것이 지금의 모습이다. 그리고 1990년 2월, 본당 뒤편에 루르드 성모상을 봉헌하고 성지 聖地로 승인되었다.

주보 성인 : 루르드 성모
주소 : 新北市瑞芳區瑞竹路32號
전화 : 02-2457-8252
평일 미사 : 월~금 08:00
주일 미사 : 토 19:30 / 일 10:00
https://taipei.catholic.org.tw/taipei/chi/deanery/77/

성당 뒤쪽 언덕에 있는 성모상까지 보고 2023년 순례 환도 環島 일정에서 처음에 가려 했던 **이란 宜蘭 29. '성 가밀로 성지** 聖嘉民朝聖地'로 이동했다. 이곳을 출발지로 선정한 이유는 앞에서도 말했듯이 2022년 나 홀로 순례 일정의 막바지였던 이곳에서 양쌤을 오랜만에 만났기 때문이다.

기숙사 술친구로 만나 이란 宜蘭 고향 집으로 오신 뒤에도 연락과 만남을 이어온 2년여의 세월 동안 솔직히 맥주잔을 함께 기울인 것은 아마 5번도 안 될 것이다. 나는 술꾼이 아니지만 술을 좋아한다. 주량? 맥주 두 캔이면 충분하다. 좋은 사람을 만났기에 그 특별한 날을 기념하고, 더 알아보고 싶어 술 한잔 같이하는 것, 이것이 낯가림이 심한 내가 사람을 사귀는 방법이다. 역시나 나의 편견일 수도 있지만 내 주변의 대만 사람들은 대부분 술을 마시지 않기에 언어적, 문화적 거리를 좁히기 좀 힘들고, 가끔은 외롭다. 이런 환경에서 양쌤은 오아시스처럼 반가운 사람이고, 한달음에 내 순례길로 찾아와 주셨다. 그리고 선뜻 식사와 집으로 초대해서 가족을 소개해 주셨다. 그 따뜻함과 고마움은 8일 동안 고독했던 순례자의 내 마음을 달래기에 충분했다.

▲ 모두 90세가 넘으신 양쌤의 부모님.

성 가밀로 수도회는 의료 봉사 선교의 수도회로 대만에 와서 이란 宜蘭 지역의 산 중턱에 자리를 잡았다. 그래서 성지 聖地 내에 중증 장애우와 노인 요양 시설 단지가 있다. 사무 행정동 주차장 벽면에 걸린 작고 퇴색된 낡은 예수상은 산속 성 가밀로 수도회에서 근무하던 양쌤이 출퇴근하며 늘 눈인사했던 것임을 단번에 알아차렸다. 그리고 그 시절의 추억을 찾아 사무실로 성큼성큼 들어가 누군가와 반가운 인사를 나누고, 뒷마당으로 가서 한 남자와 오누이들처럼 거리낌 없이 인사하는 모습에서 이들의 긴 공백과 애정이 느껴졌다. 풋풋했던 사회 초년생들은 이제 정년을 앞두고 있다. 묵묵히 자리를 지키고 일해온 동료들에게 유랑하는 백수라고 소개하시는 양쌤.

나중에 이동할 때 보니 안정적으로 보이는 옛 동료들의 모습에 비해 상대적으로 불려 놓은 재산이 없는 것 같은 양쌤이 노후에 대해 고민하시는 것 같았다. 그래서 양쌤에게 도움이 될지는 모르겠지만 쌤은 남들과 달리 영국, 중국, 대만에서 살았던 경험이 있으시니, 그것을 나누며 선한 영향력 주시면 좋겠다는 어설픈 조언으로 오지랖을 떨었다.

▲ 성 가밀로 수도회 대만 역사의 예수님.

29. 이란 宜蘭
성 가밀로 성지 聖嘉民朝聖地

영의회 靈醫會는 1952년 중국에서 대만으로 건너와 이란현 宜蘭縣과 평후 澎湖 섬에서 선교 및 의료 봉사를 하는 국제 수도회이다. 성인 가밀로 데 렐시스 St.Camillus De Lellis(1550~1614)는 나폴리 왕국의 부키아니코에서 태어나 도박에 빠져 빈곤에 시달려 수도회 일꾼으로 일하고, 병원 간호 일을 하다가 성직자의 길을 걸으며 1586년 가슴에 붉은 십자가를 달고 자비와 희생을 사명으로 병자를 간호하는 수도회를 창설했다. 선종 후 1886년 가밀로 성인의 유해를 조사할 때 몸은 부패했어도 심장은 기적처럼 루비의 붉은 선홍색으로 유지되었다.

　현재 로마에 보관하고 있으며, 결국 성인 聖人으로 승인되어 병자, 간호사의 수호성인이 되었다. 이 수도회는 어머니의 마음으로 병자를 예수님처럼 섬겼던 가밀로 성인의 정신을 실천하고 있다. 1952년 이란 宜蘭縣 뤄둥 羅東이라는 곳에서 작은 진료소를 빌려 의료 봉사를 시작하여 명칭을 "성모병원"으로 바꾸고 12개였던 병상도 2007년에는 600개 이상으로 확장했다.

　1959년에는 근처 완산 丸山에 폐결핵 요양원을 운영했고, 1964년에 성모 간호 전문대를 설립하며 의료와 관련된 진료, 인재교육, 재활 등의 영역을 넓혀서 더 많은 활동을 했다. 따라서 집약적인 업무를 위해 1987년는 지금 자리에 중증 장애 복지시설, 2009년에는 노인 요양 복지 시설 등을 현대적으로 신축, 운영하고 있다. 또한 심리적 안정과 영적인 도움을 위해 가밀로 성인 서거 400주년을 기념하여 2014년, 노아의 방주 형상으로 성당을 디자인하고, 선두 船頭 역할을 하는 종탑에는 성모 마리아와 가밀로 성인의 성상 聖像을 함께 배치한 성당을 봉헌하였다. 그리고 이탈리아에서 가밀로 성인의 심장 일부의 유해가 전달되었고, 2017년 11월 16일 성지 聖地로 승인되어 "청빈, 순결, 순종"의 정신으로 병자들을 돌보며 여전히 뜨겁게 힘차게 뛰고 있다.

아쉽게도 지금은 폐업했지만, 영의회 靈醫會는 1952년 이탈리아 국적의 판즈런(潘志仁 Fr. Angelo Pastro) 신부님을 펑후 澎湖 섬에 파견하여 선교와 의료 봉사를 하게 했다. 그리고 1957년 혜민의원 惠民醫院을 완공하여 당시 열악했던 섬사람들의 몸과 마음을 다방면으로 치료하고 위로했다.

1958년에 파견된 이탈리아 국적의 허이스(何義士, Bro. Davide Luigi Giordan) 수사님은 섬사람들의 내과 진료를 봤다. 1983년부터 병원 원장직을 맡으며 격일로 24시간 교대 근무를 하면서도 언제나 자신의 B형 혈액을 헌혈했다. 총 150회 37,500ml를 하면서 당시 대만에서 개인 최다 헌혈 기록을 남겼다. 이러한 헌신에 대한 감사로 1985년에 펑후 澎湖 명예시민이 되었고, 1997년에는 이탈리아에서도 최고 기사 훈장을 수여했으며, 1999년 사후에 대만 위생부에서는 일등 공로 훈장을 수여하였다. 섬사람들도 병원 앞에 허 何 수사님의 청동상을 세워 영원히 기억하며 감사를 전하고 있다.

주보 성인 : 성 가밀로
주소 : 宜蘭縣三星鄉大隱村三星路2段103號
전화 : 03-989-8747
개방 시간 : 월~토 09:00 ~ 21:00
평일 미사 : 화, 목 오후 14:30 | 주일 미사 : 토 20:00
https://taipei.catholic.org.tw/taipei/chi/deanery/106/

이제 마지막 일정을 가기 전에 순례일주의 마지막 식사를 하기 위해 이 구역 거주민으로서 양쌤이 맛집을 추천했다. 그러나 가는 날이 장날이라고 휴일이었고, 두 번째 추천 식당은 양쌤이 운전대를 잡고 내비게이션 없이 슉슉슉 금방 도착했다. 근사한 인테리어에 좀 비싸 보이는 분위기답게 직원의 안내를 받아 자리에 앉는다. 그리고 일정에서 처음으로 서양식인 봉골레 스파게티를 주문했다. 아끼고 참았다가 먹는 지연 보상이 꿀맛이듯 너무 맛있게 먹었다.

마지막 성지를 제외하고 우리가 지나온 29개의 성지 중에 어디가 좋았는지 질문했다. 양쌤은 우리 일정에서 두 번째로 방문한 "시아오마 허핑산 성지" 小馬和平山朝聖地를 꼽았다. 자연 속에서 기도하는 풍경과 평화의 한자 '和'의 의미와 연관이 있는 농지, 선교사를 위한 장소적 의미가 깊었던 것 같다. 그리고 30개 성지 목록에는 포함되지 않지만, 우리가 숙소로 묵었던 차오툰 草屯 '로사리오 성모 성당' 玫瑰聖母堂을 뽑으셨다. 소개해 주신 후 胡 신부님과의 인연과 건축미, 기도하기에 안성맞춤인 공간 구성이라는 이유로 꼽으셨다.

난 네 번째 방문한 지아핑 佳平 '파티마 성지' 法蒂瑪聖母聖地가 원주민 특색과 열정적이고 풍부한 스토리가 있어 대만 가톨릭의 특징을 잘 보여주지 않았나 싶다. 또한 개인적으로 기도가 잘 됐다. 다음으로 성지는 아니지만 우리가 숙소로 묵었던 안시랴오 安溪寮 '성가정 성당'이 정적이고 따뜻하며 그냥 기도가 절로 되었던 평화가 함께 있는 느낌이었다. 양쌤도 동의.

수다를 마무리하고 우리 둘 다 좋아하는 마지막 순례지 **우펑치** 五峰旗 30. '성모 성지 聖母聖地'로 출발한다. 양쌤이 운전대를 잡았고 약 30분도 안 되는 시간 동안 보조석에 앉은 나는 식곤증과 긴장이 풀려서인지 사정없이 졸았다. 이 짧은 시간을 못 참고 졸았는데, 양쌤은 그동안 졸음을 참기 위해 얼마나 노력했을까? 그래서 또 미안하다. 성지에 도착해서 포기하지 않고 완주한 것과 주님의 보우하심에 두 개의 태풍을 물리쳐 주시어 안전하고 무사함에 감사 기도를 드렸다. 9일간의 성지순례 환도는 그저 두 번째 단추를 끼웠을 뿐, 앞으로 진행해야 할 내용이 더 어렵고 힘들며 언제 어떻게 완성될지 모르겠지만 의지와 방향을 잃지 않기를 초를 밝혀 기도로 청했다.

그리고 원고가 막혀 갈피를 못 잡고 있을 때 수집해 온 자료를 뒤적거리다가 뽑아온 성경 구절을 발견하고 펼쳐 본 순간…

"애야, 네 일을 온유하게 처리하여라.

그러면 선물하는 사람보다 네가 더 사랑을 받으리라."

- 집회서 3장 17절

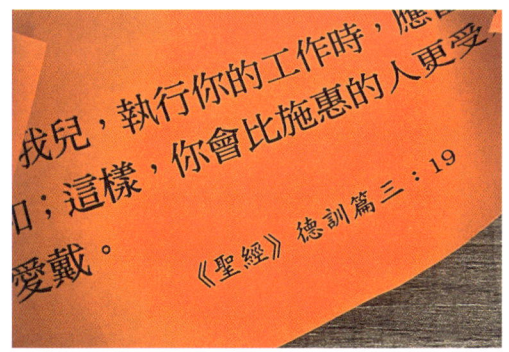

▲ 초 봉헌 후에 뽑아온 성경.

헉, 이번 순례 일주에서 내가 제일 부족했던 부분을 꼬집어 주시는 것 같으면서 앞으로 어떻게 생각과 말과 행위를 해야 하는지를 다시 한번 상기시켜 주시는 모습이 역시 경외 敬畏스럽다.

▲ 2022년.　▲ 2024년 성모성지에서 내려다 본 풍경.

23년의 마지막이자 24년의 시작을 이곳 성지에서 맞이하고 싶어서 중국어와 신학을 배우러 새로 오신 "황석두 루카 외방 선교회" 선교사님 세 분을 꾀어서 함께 1박을 했다. 어느 나라의 해넘이 문화인지 성지 관리 책임자이신 필리핀 국적의 플로르 수녀님이 저녁 9시 식사에 초대해 주셨다. 너무도 풍성한 식사는 필리핀, 인도네시아, 대만식의 음식으로 차려졌고, 이미 저녁을 먹었던 우리는 고기 위주의 열량 높은 이 음식을 음미할 여력이 없었다. 플로르 수녀님이 정상에서 꼭 일출을 봐야 한다고 너무 강조하셔서 순진한 우리 여자 넷은 새벽 3시에 일어나 산행에 나섰다.

그러나 20분쯤 가다가 어두운 숲속에서 파드득거리는 소리에 놀란 우리의 눈빛은 별빛보다 더 빛났으며, 빛의 속도로 눈빛을 교환하고, 180도로 몸을 돌려 어느새 숙소로 향해 걷고 있었다. 농담으로 만약에 우리가 계속 갔다면 성모님의 발현을 목격하는 두 번째 증거자가 될 수도 있었다고 했지만, 나는 역시나 거룩함보다 안전을 택할 것이다. 그날의 일출은 일기예보대로 흐림이라 그리 아쉽지 않았다.

이 성지는 훗날에도 여러 번 왔지만 처음 왔던 22년 8월 15일의 날씨가 가장 좋았다. 뭐든 처음은 순수와 설렘, 모험과 용기 등이 있어 특별한 것 같다. 그래서 그날의 일기를 소개하고자 한다.

나 홀로 순례의 마지막 성지로 처음 도착했는데 플로로 수녀님이 산 정상에 꼭 가야 한다고 쫓아내듯 등을 떠밀어 평균 왕복 6시간 코스를 얼떨결에 오르게 됐다. 등산은 전혀 예상 못 했기에 아무런 준비도 없던 나에게 폴로로 수녀님은 나름 튼실하고 이쁜 비닐봉지에 생수 두 병과 작은 비스킷 한 봉을 챙겨주셨다.

사실 귀찮지만 괜찮은 제안인 것 같아 가방만 맡겨 놓고 모양 빠지지만, 비닐 봉다리를 들고 오후 2시 30분에 출발했다. 시간대가 좀 늦었다 보니 올라가는 사람보다 내려오는 사람이 더 많기에 끊임없이 스스로에게 묻는다. "굳이 정상에 가야 할까? 대충 돌아가도 되지 않을까?", "도대체 얼마나 남았을까? 어둠 전에 돌아갈 수 있을까?" 아무런 결정이나 해답도 없는 불안 속에 핸드폰 밧데리는 줄어들고… 만약의 사고를 대비하기 위해 인증샷도 아꼈다.

"불안! 왜 불안할까?" 그래, 모르면 불안하다. 그리고 두렵다. 이 6시간의 등산도 이처럼 불안하고 두려운데 앞으로의 미래는 어쩌란 말인가? 그래서 믿기로 한다. 플로로 수녀님은 분명히 수많은 경험을 통해 충분할 거란 판단으로 추천하셨을 것이고, 만약에 내가 너무 늦거나 어두워지면 설마 찾으러 오시겠지?? 사실, 이때 이곳에 대한 "등산객 성모님 발현" 이야기, 날씨, 지형 등에 대한 사전 지식은 전혀 없었기에 더 많이 불안하고 걱정됐지만 믿고 가는 방법밖에 없었다.

한 시간쯤 걸어서 해발 465m 통천교 通天橋에 도착했고 충분히 힘들다. 시간도 어둑한 것 같아 유턴을 생각하던 중에 쉬고 계신 아주머니에게 얼마나 더 가야 하냐? 정상에 뭐가 있냐? 등을 물으니 멋진 정상의 사진을 보여주며 꼭 가보라 한다. 대신 서두르라고 해서 그 풍경을 믿고 가파른 경사의 계단을 올랐다. 거의 해발 800m쯤에 도착했을 때 높이로 인한 온도 차로 산 밑의 태평양에서 불어오는 바람으로 정신이 없고 귀가 먹먹했다.

어찌어찌해서 올라와 고지를 코앞에 두고 벤치에 앉아 둘러보지만, 아주머니가 보여준 풍경은 짙은 안개구름에 가려 습식 사우나의 수증기 빛깔이다. 중간에 앞질러 왔던 중년의 남자도 앉아 물을 마시길래 가져온 과자 한 조각을 전했다. 이분은 바로 앞에 있는 해발 1,026m의 삼각륜산 三角崙山에 갔다가 내려가실 거라며 이곳을 자주 오는데 지금 시간이 등산객이 적어 아주 좋다고 하셨다. 나는 그제야 시간적 여유가 있음에 안심하고 그분은 정상으로 나는 예수 수난 십자가상이 있는 곳으로 갔다.

십자가의 길 14처를 따라 골고타 언덕을 오르듯 계단을 올라 마주한 예수님! 와~ 더 짙어진 안개 속에서 눈물이 터지는 것은 무슨 이유일까? 이 등산이 육체적으로 힘들 것은 없다.

　그러나 습기 가득한 회색빛 안개가 춤을 추듯 몰려다니는 그 속에 선명한 붉은색 핏자국의 십자가는 너무도 강렬하여 마치 2,000여 년 전의 현장에 있는 느낌이었다. 예수님을 내려 드리고 싶은데 할 수 없는 나의 나약함에 너무도 죄스러웠다. 혹시 저에게만 하실 산상 설교가 무엇이실지? 생수 두 병 무겁다 투덜거리며 올라온 제 꼴을 지켜보시며 어떤 생각을 하셨을지? 제한된 짧은 시간으로 서둘러 모든 세포의 감각을 쥐어짜며 많은 것을 느끼고 싶었다. 순간, 2시간 넘는 시간에서 느낀 불안과 의심도 믿음을 이길 수 없다는 말씀을 강하게 하시는 것 같다.

　대박… 냉담 중에도 주님을 믿었지만, 거의 코빼기도 안 보인 못난 저를 이렇게 부르신 당신의 믿음에 저는 그저 굵은 눈물로 화답했나

▲ 해발 884m 예수 수난 십자가.

이다. 이 와중에도 오열 각이 될 거 같아 감정을 추스르는 이성적인 내 꼴이 감성 파괴자 같지만, 2022년 8월 15일 성모승천대축일의 선물로 너무도 과분하기에 미련 없이 안전을 위해 성지 숙소로 내려왔다.

다음날, 산속의 신선한 공기와 고요한 자연의 품에서 오랜만에 잘 잤다. 전날 다녀온 뜻밖의 등산도 한몫했을 것이다. 그렇게 아침 7시 미사에 맞춰 일어나서 성당으로 갔다. 공간에 비해 미사에 참여한 사람은 조촐하게도 관리를 하시는 '동정 성모 마리아 수녀회'의 수녀님 세 분과 미사를 집전하시는 조우정이 鄒正義 본당 신부님, 그리고 나.

"부자가 하느님 나라에 들어가는 것보다 낙타가 바늘구멍으로 빠져나가는 것이 더 쉽다." - 마태오 19장 24절

오늘의 복음은 많은 사람이 잘 알고 있는 부자가 천국에 들어가기 어렵다는 내용이다. 신부님의 강론에서 우리는 모두 천국을 향한 외국인이라고 하셨다. 지금 미사에 참석한 다섯 명의 국적도 대만, 필리핀, 인도네시아, 한국 이렇게 다양하고 글로벌하지만, 결국 우리는 모두 천국의 이방인이다.

그리고 성체를 모시고 붉어지는 눈시울. 평소라면 성체를 딱 4등분해서 모셨을 텐데 나를 위해 신부님이 작은 성체를 모시는 것을 보고 울컥했다. 성체의 크기가 중요한 것은 아니지만 나를 위해 누군가가 보이지 않게 늘 양보와 수고했음을 깨달았다.

이것이 2022년 나 홀로 순례의 가장 큰 선물이었던 것 같다. 뜨거운 감사와 감동을 안고 시원하게 떨어지는 폭포를 따라 내려오면서 순례의 냉정과 열정을 온몸으로 체험했다. 여행자의 모드로 다리가 아플 정도로 내려와서 지아오시 礁溪 특색에 맞게 허름하지만, 물 좋은 대중 온천에서 묵은때와 피로를 씻어내고 기차에 올랐었다.

▲ 우펑치 五峰旗 폭포.

▲ 물속에 치어 稚魚들의 입질.

▲ 우펑치 五峰旗 성모 성지와 지아오시 礁溪 시내의 풍경.

30. 우펑치 五峰旗

성모 성지 聖母朝聖地

　　세 개의 폭포를 지나서 올라오면 해발 168m 위치에 성모 성지 聖母朝聖地가 있다. 그리고 더 올라가 해발 884m 정상으로 가면 성모 산장 聖母山莊이 있다. 난이도 중 정도의 왕복 6~8시간의 등산코스는 언제나 등산객이 많다. 더 유명세를 타기 시작한 것은 등산객에게 발현하신 성모님 때문이다.

　　때는 1980년 11월 9일 일요일, 11명의 전문 등산팀이 타이베이 외곽인 베이스시 北勢溪에서 출발하여 산기슭을 타고, 오후 4시 30분경에 성모 산장에 도착했다. 이미 어두워졌고 지친 대원도 있어서 산장에서의 1박을 제안했지만, 월요일 아침 중요한 회의가 있는 다섯 명은 꼭 하산해야 했다. 그래서 산장에 비치돼 있던 양초 4개, 성냥 4갑을 들고 인솔자 포함, 여섯 명이 5시 40분에 하산을 한다. 모두 불교 신자였지만 산장 앞에 계셨던 성모상에서 안전을 위한 기도를 드리고 내려오다가 손가락조차 보이지 않던 저녁 7시쯤에서야 아껴둔 양초를 신문지에 말아 켜고 내려온다. 마지막 초가 꺼진 어둠 속의 먼 곳에서 밝은 빛 하나가 신호를 보내듯 깜빡여 그 빛에 의지해서 가게 되었다. 밤 9시쯤 폭포수가 흐르는 물소리가 들려 거의 다 왔음을 직감하며 뒤돌아본 순간, 하얀 가운을 입은 여성이 50여 개의 시멘트 계단을 내려가는 모습이 보여 일행들에게 알리니 한 사람은 그대로 주저앉았고, 다른 두 사람은 너무 놀라 그저 멍하니 바라봤다. 얼굴은 보이지 않았지만 무섭지 않았고 편안하며 평화로웠다. 누구냐고 물었지만, 대답은 없었고 우선 앞서간 일행을 따라 길을 재촉했다. 이를 의아하게 생각했던 왕궈창 王國強은 3일 뒤에 다시 와서 확인해 보지만 계단은 10개 정도라 공중에 떠 있었다는 결론이다. 성모 산장의 성모상 앞에서 무사 귀환에 대한 감사의 기도를 드리고, 이를 알리기 위해 등산팀들과 함께 가톨릭 신자들에게 이야기를 전하면서 대만에서 유일하게 성모 발현 성지가 되었다.

타이베이 근교에 위치하고 지아오시 礁溪 온천이 있고, 모차산 抹茶山 등산객과 폭포 관광객이 많았던 우펑치 五峰旗는 성모발현의 입소문이 나면서 찾아오는 이들이 더 증가하였다. 그러면서 기적을 체험했다는 증언도 많이 나왔다. 따라서 대만 가톨릭과 지역사회에서는 이곳이 프랑스 루르드 성모 성지 또는 멕시코의 과달루페 성모 성지처럼 세계적인 성모 성지 순례지와 관광지가 될 수 있는 가능성과 희망을 보았다.

이에, 타이베이 교구가 성모 성지 聖母朝聖地로 신청한 지 1년 반이 지난 1986년 12월, 관할 기관으로부터 서류가 통과되어, 폭포 옆 산기슭의 국유지 1헥타르 토지에 기반 공사를 시작했다.

자연보호구역의 건축법상 건평 약 200평, 2층 이하, 전통*조형*재료*색상 등의 규정을 고려하여 건축설계안을 준비하여 승인을 받은 뒤 1994년 12월 주교님의 축복 속에 공사의 첫 삽이 시작되었다. 11년이 지나고 드디어 2005년 12월 1일 개막 미사를 통해 운영되고 있다. 공간 구성으로는 지아오시 礁溪 시내가 한눈에 보이며 많은 성지 순례객 및 방문객을 맞이할 수 있는 광장, 그 산기슭의 중심에 자리한 성당, 우측에 루르드 성모 동굴, 좌측에 사무실, 숙박 및 교육 등의 편의 및 행정동이 있다.

성당은 중국 황제가 하늘에 제사를 올리는 제단, 천단 天壇 형식으로 둥근 돔 지붕을 2층으로 했고, 12개 기둥은 12사도를 상징하듯 성모 마리아님을 중심으로 연결되어 있다. 내부 벽은 고급 대리석, 기둥과 돔 천정은 나무 재질로 마감하여 깔끔하면서 따뜻함을 주고, 견고함과 유연함을 보여주고 있다.

2017년 8월부터 "동정 성모 마리아 수녀회"에서 세 분의 필리핀, 인도네시아 국적의 수녀님을 파견하여 관리 지원하고 있다. 그래서 두 분은 중국어가 서툴고, 한 분은 유창하시다. 세 분의 영어는 원어민 수준이시다.

▲ 성모 발현지의 성모 동산.

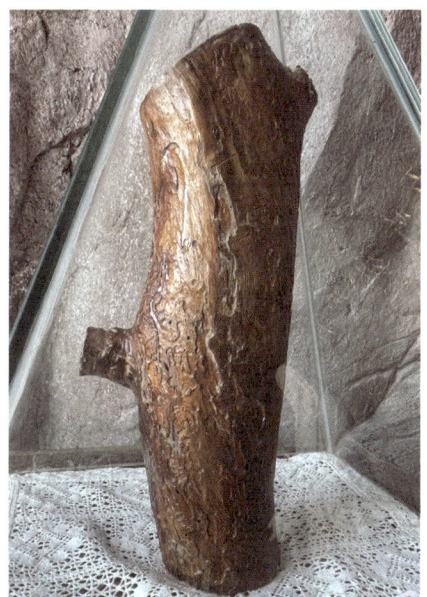

▲ 성모 발현 위치로 추정된 나무 기둥의 확대사진과 보관함.

▲ 나무 기둥과 대리석 장식의 성모 성지 성당 내부.

▲ 해발 884m 올라가는 계단의 '십자가의 길'.

▲ 바뤠이스 巴瑞士 수사님의 마지막 업무였던 성모상과 그를 기념하기 위한 흉상.

아무것도 없던 해발 884m 정상에 어느 날, 성모 산장 聖母山莊과 성모 마리아 성상 聖像이 생겼다. 이는 이란 宜蘭에서 폐결핵 환자들의 '아빠'라고 불렸던 영의회 靈醫會의 바뤠이스(巴瑞士, Br. Luigi Pavan) 수사님 인생의 마지막 업무였다.

이탈리아 국적의 바 巴 수사님은 완산 丸山의 폐결핵 요양원에서 마취과 의사 업무를 맡고 있지만, 본인도 오랫동안 천식을 앓아왔기에 늘 천식 호흡기를 가지고 다녔다. 그래서 자가 치료를 위해 등산 동호회를 만들어 여기 모차산 抹茶山까지 자주 왔었는데, 이곳의 날씨가 급변하는 것을 보고 피난소의 필요성을 느꼈다. 그 뒤로 더 자주 벽돌과 기와 등을 짊어지고 올라와서 약 30명을 수용할 수 있는 성모 산장 聖母山莊를 만들고 등산객의 안전을 도모해 주시길 바라는 마음에 성모상까지 세우고 세상을 떠나셨다.

그동안 바 巴 수사님께 치료를 받았던 환자와 가족들, 지인들이 그를 기념하기 위해 추모 흉상을 성모상 옆에 세웠고, 그 밖의 십자가의 길이나 예수 수난 십자가도 함께 조성하였다.

주보 성인 : 성모 마리아
주소 : 宜蘭縣礁溪鄉五峰路91巷10號
전화 : 039-871-568
평일 미사 : 월~토 07:00
주일 미사 : 일 10:30
https://taipei.catholic.org.tw/taipei/chi/deanery/117/

"왜 저를 이곳으로 부르셨나요?"

"왜 저와 함께 하십니까?"

▼ 성모 성지에서 모차산 抹茶山으로 등산하는 코스에서 만나는 성모상과 십자가 조형.

경외하는 마음으로

당신과 함께 하겠나이다.

맺음 글

말주변, 글재주 없는 내가 감히 대만 성지 순례기를 기획하고 게으름과 일을 핑계로 첫 글을 시작하고 열 달 만에 초고를 완성했다. 글쓰기를 어린아이 출산에 비유하는 이유를 제대로 경험하면서 어설픈 편집 작업도 더디지만 직접 했다. 물론 지금까지 펼쳐왔던 모든 페이지는 파랑새미디어 출판사 편집부의 손길을 거친 것으로 모든 분의 수고와 감각에 감사드린다.

내 삶의 굵직한 기적을 떠올려 보니 첫 번째는 10살 때 숨이 끊겼다가 살아난 기적, 두 번째는 12이닝 완투의 기적, 세 번째 기적은 대만에서의 삶이라고 생각하며 여전히 진행형이다. 그렇게 매일 작은 기적을 체험하며 나의 일상이 되신 하느님을 생생히 알리고 싶어 서툴고, 두서도 없는 무형의 날것에 기교 없이 마음을 담아 나만의 색을 칠해서 유형의 텍스트로 만들었다.

또한 비록 이방인 평신도의 신분이지만 대만에 살며, 기도하며, 체험한 주님을 소개하는 알리미 역할로 성지 순례를 핑계 삼아 정리했다. 꼰대처럼 노파심에 말씀드리자면, 교회*성당은 기도하는 곳이다. 그러므로 30개의 성지 및 부록으로 첨부하는 대만 가톨릭 피정의 집은 일반 숙박도 가능하지만, 유흥을 위한 장소가 아니므로 부디 문화와 예의를 갖춰 방문해 주시길 바란다.

참고로 한국, 대만에 성지 聖地는 없다고 한다. 엄밀히 따지면 그렇다. 가톨릭 용어 사전 기준의 의의는 〈성지 聖地란 원래 거룩한 장소로, 그리스도의 삶과 죽음, 부활의 배경이 된 장소를 말한다. 그리고 순례 巡禮란 하느님과 관련된 성스럽고 거룩한 땅 聖地 : 예루살렘, 로마 등을 방문하여 존경과 예배를 드리고, 기도, 회개, 보속, 감사 등의 경신 敬信 행위를 하는 것을 말한다. 기원은 유다교에서 이스라엘 남자들이 유월절, 오순절, 초막절에 매년 예루살렘의 성전을 방문한 것에서 비롯된다. 그리고 8세기에 순례가 신자들의 의무가 되면서 순례단이 조직되기도 하였다. 그러나 근세에 들어오면서 그 의의가 점점 감소하였다.

오늘날은 팔레스티나, 로마, 파티마, 루르드 등지에 수백만 명의 순례자가 모여들고 있다. 한국에서도 많은 이들이 해외 성지나 국내 순교자들의 순교지나 묘소를 방문하고 있다. 그러나 안타까운 것은 본래의 의미는 점점 잃어 가고, 단순한 관광의 연례행사가 되어 가고 있는 점이다.〉- 가톨릭 용어 사전 검색어 : 순례 巡禮, 성지 聖地로 검색해서 추출된 내용이다.

따라서 전 세계에 성지 聖地, 거룩한 땅(Holy land)이라는 라틴어 테라 상타(Terra Sancta)라는 곳은 아이러니하게도 전쟁이 끊이지 않는 팔레스티나의 베들레헴과 이스라엘의 예루살렘이다. 베들레헴은 예수님의 탄생지로 기독교, 가톨릭의 성지 聖地이고, 예루살렘은 예수님이 지상 생활을 시작한 곳으로 수난과 죽음, 부활과 승천이 이루어진 곳이다. 한편 유대교에서도 구약에 나오는 '계약의 궤'를 모셨던 솔로몬의 첫 성전이 있던 곳이 성지 聖地이다. 또한 이슬람교의 마지막 예언자 무함마드 Muhammad가 승천했다는 위치에 세워진 '황금 돔 사원'이 그들의 성지 聖地이고, 학자에 따라 앞서 말한 솔로몬의 첫 성전과 같은 위치라는 주장도 있다.

이런 관점으로 봤을 때 예루살렘, 베들레헴을 제외한 전 세계에 어디도 가톨릭의 성지 聖地는 없다. 그럼, 우리가 보통 말하는 한국어로의 성지는 한자로 聖趾이다. 솔직히 한국어는 발음과 표기가 같다. 중국어 한자로는 聖地 vs 聖趾 차이가 있으며, 발음은 성띠 Shèngdì vs 셩쯔 shèng zhǐ 로 차이가 있다. 그러므로 성지 聖趾 : Loci scancti, Holy place는 성스러운 유적지로 한국어 교회법에서 말하는 순례지 巡禮地, 중국어에서는 차오셩띠 朝聖地라고 표기한다. 순례 일주를 한 30개 성지 중에서 바실리카 Basilica 성전 聖殿이라고 교황청의 승격을 받은 두 곳 (3.완진, 5.가오슝)을 제외하고 모두 차오셩띠 朝聖地라고 표기했다.

어쩜 우리가 한국어로 순례지를 순례한다는 말이 어색하다 보니 '성지순례 聖地巡禮'가 되었다고 본다. 그런데 중국어에서 차오 朝가 알현하다, 뵙다는 뜻으로 순례라는 의미로 해석되기에 차오셩띠 朝聖地의 성지 聖地로 굳어진 것은 아닐까? 추론해 본다.

그리스도교 공인(콘스탄티누스 대제 313년 밀라노 칙령) 이후 순교자들과 성모 발현, 성인과 관련된 장소로 보편화, 확대되었기 때문에 파티마, 루르드 등도 성지 聖地라고 말한다. 따라서 예전에서 聖地와 聖趾를 구분하였으나, 지금은 혼용하고 있다. 그래서 성스러운 장소라는 큰틀의 성지의 의미로 '한국 천주교 성지 순례' 수첩의 목록에 따르면 박해로 순교하신 성인의 성지 聖趾가 52곳, 순교 사적지 殉敎史趾地 69곳, 순례지 巡禮地 46곳, 총 167곳이 있다. - 2022년 기준

그러나 대만의 순교성인은 없기에 교회법 제4권 교회의 성화 임무 - 제3절 순례지 - 제 1230조에 의거 "순례지는 많은 신자들이 교구 직권자의 승인 아래 특별한 신심 때문에 빈번히 순례하는 성당이나 그 밖의 거룩한 장소를 뜻한다."로 정해진 곳이라 하겠다.

그래서 앞서 대만 성지라고 소개한 내용들을 보면 대만 가톨릭은 중국과 대만의 근현대사적 이유로 중국에서 대부분의 수도회가 불가항력적으로 대만에 정착하면서 가오슝 高雄, 지룽 基隆에 국한된 복음의 씨앗이 전국적으로 확산되었다고 볼 수 있다. 따라서 대만에 가톨릭 신앙이 전무했던 상황에서 외국인 수도자들은 그들에게 익숙한 유럽의 성모, 성인의 성지 聖地를 모방하여 성당을 건축하거나 주보성인으로 지정하게 된 것이다. 그렇게 대만 가톨릭 신앙의 텃밭 역할을 한 스물다섯 곳과 해외 성지를 복제 한 두 곳(16.로레토, 25.기적의 메달), 역사적 가치로 지정된 두 곳(3.완진, 5.가오슝), 마지막에 소개한 우펑치 성모 발현지 한 곳까지 총 서른 개의 순례지가 7개 교구 직권자의 승인으로 30곳이 지정되었다.

대만에서 성모님이 발현하신 1980년은 대만의 아픈 역사인 계엄령

시대(1949-1987년 38년)의 위로로 중요한 의미를 갖고 있지만, 다른 나라의 발현과 달리 기적의 체험이 다소 부족하며, 성모님이 전하시는 메시지가 없었기에 국제급의 발현지로 승인될 수 없었다. 이러한 것을 모두 종합했을 때 한국의 성지, 순례지와 성격이 다르고 어찌 보면 이것이 대만 순례지의 특색이라고 볼 수 있다. 그러므로 한국과 유럽의 성지 聖地와 비교가 될 수는 없다.

따라서 편의상 순례지 순례가 아니라 성지 순례 pilgrimage라는 표현을 썼다. 그리고 이번 일주를 통해서 나그네인 인간(homo viator)을 또 한 번 체험하였다. 그 속에서 참회와 깨달음의 기쁨이 있었고, 새로운 만남의 친교와 감사의 경배 등등 순례의 영성을 몸과 마음으로 느끼며 9일 동안 순례한 거리는 약 1,300km, 삼천 리를 완주하였다.

탈고의 느낌이 이런 걸까? 더 할 말이 떠오르지 않는다. 이렇게 동행해 주시고, 그림 3장을 그려주신 양수방 楊淑芳 (양쌤) 선생님께 진심으로 감사드리고, 자료의 정확성을 도와주신 청상순 程祥舜 선배와 중국어 번역 작업을 도와준 쩡지아치 鄭佳其 친구에게도 감사를 전한다. 이렇게 무늬만 가톨릭 신자로 살아왔던 내가 하루하루 주님을 갈망하는 순례자 모드로 변신하게 된 것이 기적이다. 이제 내가 할 수 있는 건 그저 기도밖에 없다.

이 책을 읽어 주시는 모든 분에게도 필요한 기적이 생기시길 바라는 것이 나의 기도가 되었음을 용기 내 고백한다. 그럼, 저는 여러분의 기도를 들고 다음 순례를 준비하려 한다.

AI가 다 알려주는 세상에

하느님의 아날로그식 찐 소통과 사랑

「성지 순례」

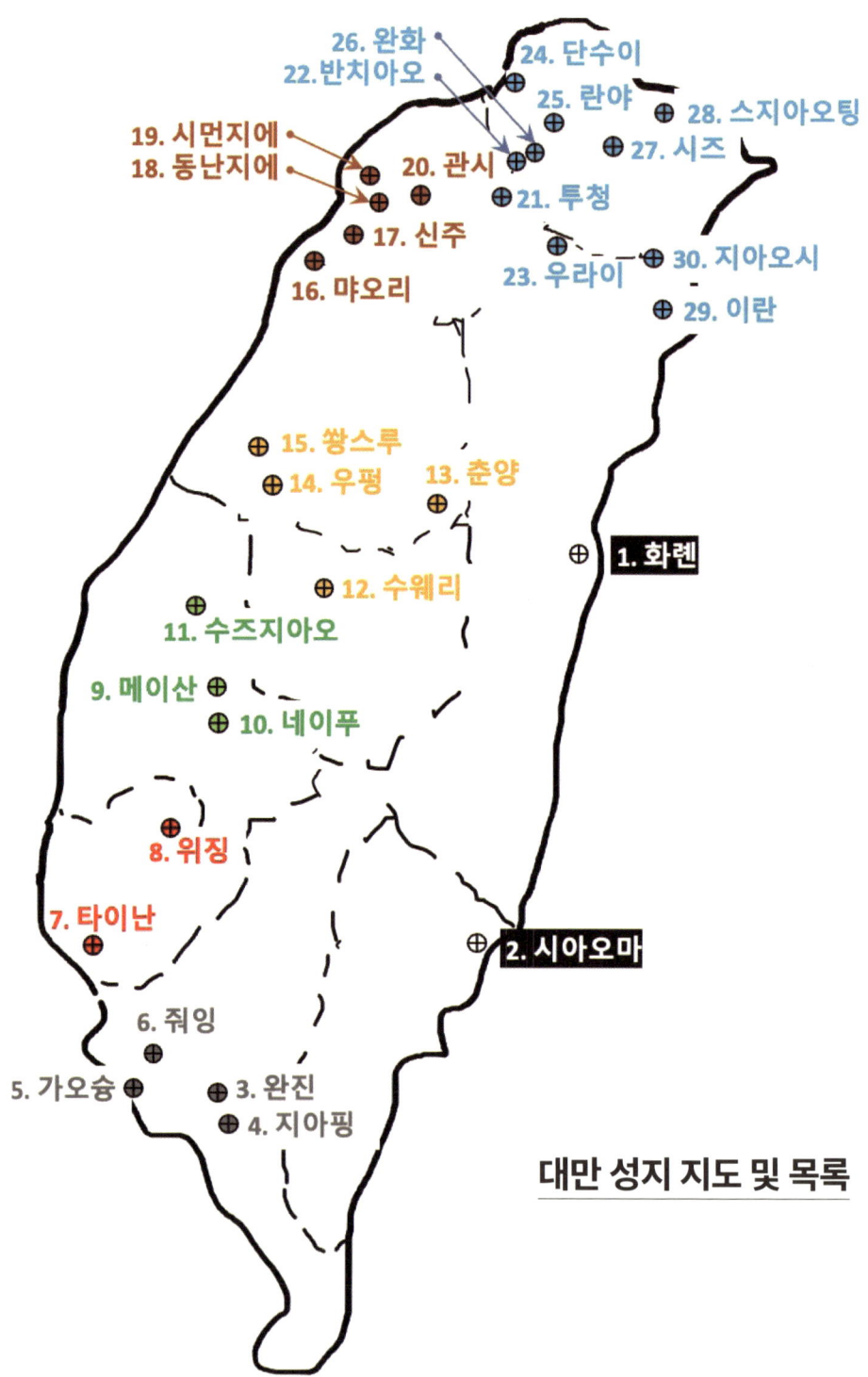

대만 30곳 성지 구글 지도 QR

1. 화롄

2. 시아오마

3. 완진

4. 지아펑

5. 가오슝

6. 쥐잉

7. 타이난

8. 위징

9. 메이산

10. 네이푸

11. 수즈지아오

12. 수웨리

13. 춘양
14. 우펑
15. 쌍스루

16. 먀오리
17. 신주
18. 동난지에

19. 시먼지에
20. 관시
21. 투청

22. 반치아오
23. 우라이
24. 단수이

25. 란야

26. 완화

27. 시즈

28. 쓰지아오팅

29. 이란

30. 우펑치

1. 花蓮：窮人聖母朝聖地 973花蓮縣秀林鄉金嵐2-9號	11. 樹仔腳:大聖若瑟朝聖地 647雲林縣莿桐鄉饒平路167號	21. 土城：聖安多尼朝聖地 236新北市土城區中央路四段311號
2. 小馬：和平山朝聖地 961台東縣成功鎮小馬路134-1號	12. 水里：萬福聖母院 553南投縣水里鄉五福路270巷20弄六 號	22. 板橋：中華殉道聖人朝聖堂 220新北市板橋區板城路430號
3. 萬金：聖母聖殿 923屏東縣萬巒鄉萬興路24號	13. 春陽：中華殉道聖人堂 546南投縣仁愛鄉龍山巷3號台灣 鄰 78 號	23. 烏來：法蒂瑪聖母朝聖地 233新北市烏來區溫泉街90號
4. 佳平：法蒂瑪聖母堂 921屏東縣泰武鄉佳平巷3號	14. 霧峰：大聖若瑟堂 413台中市霧峰區民生路80號	24. 淡水：法蒂瑪聖母朝聖地 251新北市淡水區中山路139號
5. 高雄：玫瑰聖母聖殿 801高雄市苓雅區五福三路151號	15. 雙十路:法蒂瑪聖母主教座堂 404台中市北區雙十路二段115號	25. 蘭雅：聖母顯靈聖牌朝聖地 111台北市士林區德行東路202號
6. 左營：聖女小德蘭堂 813高雄市左營區部後街3號	16. 苗栗：洛雷托聖母之家 362苗栗縣頭屋鄉中正街20號	26. 萬華：小德蘭朝聖地 108台灣萬華區興學街70號
7. 台南：中華聖母主教座堂 70047台南市中西區開山路195號	17. 新竹：小德蘭朝聖地 308新竹縣寶山鄉寶新路三段110號	27. 汐止：聖方濟各天主堂 221新北市汐止區大同路二段637號
8. 玉井：吾樂之緣聖母朝聖地 714台南市玉井區民生路432號	18. 東南街：加爾默羅聖母堂 No. 26, 東南街52巷東區新竹市300	28. 四腳亭：露德聖母朝聖地 224新北市瑞芳區瑞代路32號
9. 梅山：中華聖母朝聖地 603嘉義縣梅山鄉社教路3號	19. 西門街：耶穌聖心堂 300新竹市北區西門街165號	29. 宜蘭：聖嘉民朝聖地 266宜蘭縣三星鄉三星路二段103號
10. 內埔：德蘭朝聖地 604嘉義縣竹崎鄉元興路134號	20. 關西：露德聖母朝聖地 306新竹縣關西鎮	30. 礁溪： 五峰旗聖母朝聖地 26247宜蘭縣礁溪鄉五峰路91巷10號

대만 가톨릭 피정의 집

교구	명칭	주소	전화번호
타이베이	天主敎友誼中心	台北中山北路1段2號	2314-1833 교환 5
	萬里達青年活動中心	台北縣萬里鄉龜吼村玉田路61-1號	02-2492-0289
	文萃樓	台北縣新店市三民路19號	2915-3318 교환 1106
	玫瑰聖母堂	台北市萬華區萬大路405號	02-2309-1012
	道明中心	台北市中山區吉林路378號	02-2594-2294 교환 4201
	法蒂瑪聖母朝聖地	台北縣烏來鄉烏來村溫泉街90號	02-28671-6335
	聖心靈修中心	新北市八里區龍米路一段263號	02-2618-2281
	聖母升天堂	羅東鎮北成路一段20號	03-9512963 / 9512297
	聖母朝聖地	礁溪鄉五峰路91巷10號	03-987-1568
신주	香山牧靈中心	新竹市中華路5段722號	03-537-5749
	聖母升天堂	新竹市湖口鄉忠孝路25號	03-599-7462
	聖十字架堂	新竹縣五峰鄉清泉村10鄰184號	03-5836026
	洛雷托聖母	苗栗縣頭屋鄉頭屋村中正路20號	979083769
	退省院及活動中心	新竹關西鎮正義路121號	03-5872244
	草屯玫瑰聖母堂	南投縣草屯鎮中正路578號	049-2334591
	露德聖母朝聖地	新竹縣關西鎮	03-5872164
	納匝肋	新竹高峰路111號	03-52204341
타이중·자이	靜山靈修中心	彰化市大埔路2巷1弄40號	04-7122259-61
	富起湖江森青年中心	嘉義縣竹崎鄉中和村	05-2561134
	法蒂瑪聖母堂	阿里山鄉達邦特富野天主堂	05-2511020
	梅山中華聖母朝聖地	梅山鄉社教路3號	05-2021410
타이난	吾樂之緣聖母堂	台南縣玉井鄉民生路432號	06-5742614
	若望使徒兄弟會	台南縣後壁鄉安溪寮頂安村95號之1	06-6361881
	聖佳蘭隱修院	台南縣塩水鎮西門路19-24號	06-6523236
화렌·타이동	花蓮巴黎外方	970台灣花蓮縣花蓮市民權一街1號	03-834-2146
	花蓮保祿牧靈中心	970台灣花蓮縣花蓮市民權一街2號	03-8327540
	天祥來賓中心	花蓮縣秀林鄉天祥33號	03-8691122
	貞德文教中心	台東市四維路一段578號	089-334167 / 334105
	和平山靈修中心	台東縣成功鎮信義里小馬路132-1號	0916-333591
가오슝	佳冬天主堂愛寶中心	屏東縣佳冬鄉義和路2-2號	08-866-2021
	聖丁活動中心	屏東縣恆春墾丁路文化巷2號	08-886-1540

화롄 花蓮_직업적 꿀팁 1

대만에서 광활한 대자연 즐기기

1. 해발 3,000m 이상의 타이루거 太魯閣 협곡 산책 : 택시 투어나 대만 관광 (하오싱 好行) 버스를 이용해 트레킹 코스별 상하차하며 도보, 등산 애호가들은 매일 다른 등산 코스 추천

2. 치싱탄 七星潭 해변에서 태평양 물멍 : 작은 어촌마을이 있어서 민박하며 일출과 밤바다를 보면서 바다가 밀려와 자갈 틈새를 빠져나가는 멜로디 감상. 좀 심심하면 자전거 타고 해변 한바퀴도 낭만적이다. (수영금지)

3. 원시 자연을 온몸으로 느끼기 : 캐니어닝 Canyoning을 통해서 깨끗한 자연은 오감으로 느끼기. 비상식량 챙기고 쓰레기 가져오는 것은 기본.

* 주의 사항 : 뱀, 벌, 낙상 등등 안전제일, 구급처치 키트 필수
  (땡벌에 쏘여 응급실 다녀왔음)
* 그 밖에 동대문 야시장과 화롄 문화 창의 산업공원 花蓮 文化創意產業園區에서 공연과 문화를 만끽

> 직업적 꿀팁 2_타이동 台東

무명의 선교사의 발자취

1. 공동교회 公東教堂 :
베들레헴 외방 전교회의 시즈핑 (錫質平 Fr. Hilber Jakob)신부님이 설립한 공동고급공업직업학교 公東高級工 業職業學校 내에 있는 타이동 첫 번째 성당.

2. 란위다오 蘭嶼島 : 다오족 達悟族 원주민의 마을로 도보로 하루에 완주할 수 있는 작은 섬이고, 원시 교회와 오염되지 않은 자연과 사람의 만남.

3. 철도 예술촌 鐵路藝術村 + **해변 공원** 台東海濱公園 :
자연과 예술을 만날 수 있는 갬성과 낭만이 뿜뿜.

* 주의 사항 : 교통이 다소 불편. 여객선을 탈 경우 멀미약 필수, 날씨에 따라 운행이 안될 수 있기에 유연한 일정.
* 매년 7-8월 국제 열기구 축제가 45일 개최하여 열기구 탑승도 색다른 재미.
  https://balloontaiwan.taitung.gov.tw/zh-tw

가오슝 高雄_직업적 꿀팁 3

산업·예술·자연의 콜라보

1. 보얼 예술 특구
駁二藝術特區 : 가오슝 항구의 창고와 선박 수리 공장이 지역 예술가와 학생들의 창작 공간으로 재탄생된 핫한 예술 공원

2. 연지담 용호탑 蓮池潭 龍虎塔 : 연지담은 1686년에 시작된 연못이 확장되어 현재 면적 42헥타르에 달하는 반인공 호수. 주변에 20여 개의 도교 사원이 있어 종교적 방문객이 늘면서 가오슝만의 독특한 색채와 문화를 즐길 수 있다.

3. 소류구 小琉球 : 여객선 30분 정도의 섬으로 총면적 6.8㎢의 작은 산호섬이고, 바다거북이 자주 목격된다. 스노쿨링, 스킨 스쿠버 명소. 원주민들의 대피소였던 산호 동굴 탐험도 색다른 재미.

* 주의 사항 : 오토바이 사고가 가장 자주 나는 곳. 거친 산호에 찰과상 주의
* 영국 영사관에서 오후의 차한잔, 치진섬에서 자전거 일주

직업적 꿀팁 4_타이난 台南

레트로 갬성과 역사

1. 붉은 요새 츠칸루 赤崁樓 :
17세기 네덜란드의 침입을 막기 위한 군사적 요새. 전통과 역사를 느끼며 주변 도교 사원들이 연결된 좁은 골목 여행

2. 선농지에 神農街 :
역사가 오래된 도시인 만큼 어디를 가도 옛날 감성이다. 공자묘 孔子廟를 가는 푸종지에 府中街는 주말의 핫플.

3. 쓰차오 녹색 터널 四草綠色隧道
: 바다와 강이 만나는 곳에 서식하는 맹그로브 나무로 형성된 녹색의 터널로 보트를 타고 습지의 자연 생태를 관찰해 볼 수 있다.

* 눈 내린 것 같이 보이는 치구옌산 七股鹽山, 나무가 다 뒤 덮은 안평수옥 安平樹屋. 타이난 台南은 뭘 먹어도 맛있다.

타이중 台中_**직업적 꿀팁 5**

어렵게 온 만큼 감동은 두 배

1. 아리산 阿里山 : 해발 2,481m의 산을 대중교통으로 굽이굽이 가서 산악 열차를 타고 일출과 2,000 살이 넘은 삼목과 함께 숨쉬기.양지바른 산 기슭 한면은 모두 우롱차밭.

2. 르웨탄 日月潭 : 케이블카와 여객선, 자전거를 이용해 다양하게 다른 각도에서 대만 최대의 호수를 즐길 수 있다. 특산물은 홍차

3. 펑후 澎湖 : 대만의 휴양지로 작은 섬들이 모여 있기에 3박 4일이 부족할 만큼 해양 스포츠와 풍경 맛집이 많다. 매년 4~6월 동안 불꽃놀이, 국제 마라톤 대회와 자전거 라이딩 축제도 있다.

> 직업적 꿀팁 6_우라이 烏來

알차게 즐기고 때빼고 광내기

1. 내동 국가 삼림공원
內洞國家森林遊樂區 :
깨끗한 공기 마시며 누구나 산책하기에 좋은 평지 코스. 청각, 후각, 시각이 정화되는 곳.

2. 우라이 폭포 烏來瀑布 :
케이블카를 타고 운선호 雲仙湖에서 떨어지는 폭포를 건너가서 운선낙원 雲仙樂園 리조트를 산책하고 오는 것도 좋다.

3. 탄산 온천 :
산책과 꼬마열차 관광을 했다면 피로를 풀기 위해 대중탕이나 개인탕을 이용. 아쉽게도 노천에 있던 무료 온천은 현재 폐쇄.

* 주의사항 : 개인탕은 안전상의 이유로 1인 이용 불가
* 온천 호캉스 즐기기에 적합한 관광지

신·타이베이 新·台北_직업적 꿀팁 7

하루만 즐기기에는 부족한…

1. 국립 고궁박물원
　故宮博物院 :
세계 4대 박물관인 만큼 언제나 어렵고, 언제나 새로운 고궁박물원의 매력은 아는 만큼 보이게 되어있다. 방문은 필수, 도슨트는 선택.
강추 KOLEE의 해설.

2. 단수이 淡水 + 빠리 八里
 : 군사적 요충지였던 홍마오청 紅毛城과 무역의 관세를 담당했던 소백궁 小白宮, 근대화가 시작된 단수이 淡水의 찐 매력은 골목에 숨어있다. 여객선을 타고 빠리 八里로 가면 출토된 대만 선사시대의 유물을 전시한 스산항 十三行 박물관도 또다른 매력. 바다와 강물이 만나는 두 곳의 꿀잼은 자전거.

3. 허핑다오 和平島 :
관광객이 너무 많은 예류 지질공원에 비해 한적한 지질 공원이자 바다 수영을 할 수 있는 공원. 근처 지룽 基隆 항구의 관광은 보너스.

직업적 꿀팁 8_루깡 鹿港

다채로운 색상과 시공간

1. 루깡 용산사 龍山寺 : 대만에는 용산사가 여섯개가 있지만 그중에서 가장 초기(명나라 말기)에 시작되어 건륭 乾隆 황제 (1786년) 때에 지금의 위치에 자리하고 있다. 대만의 초기 종교의 풍경과 색감을 느낄 수 있다.

2. 루깡 민속 문물관 鹿港民俗文物館 : 대만의 5대 부자 중의 하나인 루깡 고 辜씨 가문이 1919년에 완공하여 거주했던 대저택으로 대만 근현대의 모습을 관람, 체험할 수 있다. 무역 항구였던 루깡의 옛 모습과 색상, 두 사람이 걷기에 너무 좁다는 모루샹 摸乳巷 등의 골목길 투어.

3. 대만 유리관 臺灣 璃館+계화항 예술촌 桂花巷藝術村 : 대만 유리의 품질과 제품을 관람할 수 있으며, 다양한 색채의 유리 미로를 통과하며 실체가 모호한 공간을 체험할 수 있다. 계화항 예술촌에서는 전통과 현대, 그 시간의 조화로운 빛깔로 눈이 즐겁다.

포토존_직업적 꿀팁 9

프레임에 담기면 예술이 되는…

1. 반치아오 임가화원 板橋林家花園 : 대만 5대 부자 중에 하나로 대지 6,000평이 넘는 땅에 5년에 걸쳐 공사를 하여 1893년에 준공되었다. 건축물과 조경, 벗겨진 페인트까지 셔터를 누르게 된다.

2. 보장암국제예술촌 寶藏巖國際藝術村 : 일제 시절에 지하 벙커와 탄약 창고였다가 1950년부터 사회 취약 계층이 폐건물에 들어와 살면서 부락이 형성된 곳이다. 그 특색을 유지하기 위해 전면 신축이 아닌 예술가들의 공방으로 활용하여 2004년부터 국제 예술촌으로 지원됐다.

3. 디화지에 迪化街 : 다다오청 大稻이라는 부두가 있는 곳으로 무역을 위한 상업지역이었다. 거래 물품은 주로 우롱차, 장뇌삼을 비롯한 한약재, 가죽 및 비단이었고, 발효된 듯한 옛 모습을 구수한 차 한잔을 마시며 즐기는 것도 좋다.